RAY T. MALBROUGH

CHARMES, SORTS ET RITUELS

Éditions Alliance Magique
10, rue de Vidailhan
31130 BALMA
FRANCE

www.alliance-magique.com

Retrouvez-nous sur les réseaux sociaux
Facebook @Alliance.Magique
Twitter @AllianceMagique
Instagram @alliancemagique

Crédits :
Sous la direction d'Arnaud Thuly
Couverture : Clara Soupart
Création graphique et mise en page : Anaïs Cousinou et Julie Bonsignori
Correction : Océane Richard et Olivia Galy
Traduction : Claire Casimiri

ISBN : 978-2-36736-101-7
Dépôt légal : 4e trimestre 2021

Imprimé en France par Présence Graphique - Monts.

Je remercie particulièrement Cyndi Hanson, qui a partagé avec moi certaines de ses connaissances en matière de recettes.

Je remercie également la Seax-Wica Seminary qui, par mon engagement en tant qu'étudiant, m'a encouragé à partager ce que j'ai appris sur la pratique de la magie dans ma région du monde.

SOMMAIRE

INTRODUCTION

Depuis la nuit des temps, des peuples de toutes les civilisations ont placé leur foi dans l'utilisation de charmes et de diverses formes de pratique magique, les méthodes employées pouvant par ailleurs varier d'une civilisation à l'autre. De nos jours, dans cette société moderne pleine de nouvelles technologies et à l'évolution rapide, des personnes de tous horizons continuent d'avoir recours aux charmes et à la magie dans leur vie quotidienne.

Des boutiques d'occultisme et des entreprises de vente par correspondance ont émergé partout aux États-Unis, preuve que les hommes croient encore aux sciences occultes. Aujourd'hui, en entrant dans n'importe quelle boutique d'occultisme, vous verrez des rayons remplis de plantes, d'encens, d'huiles d'onction, de poudres et de nettoyants divers et variés, tous ces éléments ayant une utilisation et des effets qui leur sont propres. Toute boutique d'occultisme qui se respecte comporte également son lot de bougies de toutes les tailles, de toutes les formes et de toutes les couleurs, ainsi que des ouvrages qui traitent de divers aspects de l'occultisme.

Dans cet ouvrage, vous découvrirez une méthode de fabrication de charmes et d'utilisation de poupées magiques, qui s'est transmise d'enseignant à élève parmi les praticiens vaudous du sud-est de la Louisiane. L'utilisation de grigris y est toujours très présente, en particulier à la Nouvelle-Orléans et aux alentours. Quant aux poupées, elles ne sont utilisées à des fins magiques que dans les zones rurales. Depuis la colonisation de la Louisiane, le vaudou, sous une forme ou une autre, est pratiqué et craint par des personnes de tous bords dans le sud de l'état.

Dans ces pages, vous apprendrez également à préparer vos propres encens, huiles d'onctions, poudres et nettoyants. Évidemment, vous pouvez en trouver dans n'importe quelle boutique d'occultisme digne de ce nom. Cependant, il était autrefois impossible d'en acheter directement. Les anciens praticiens devaient presque toujours créer tout ce qu'ils utilisaient à partir de rien. Avec les recettes présentées dans cet ouvrage, vous serez en mesure de faire de même et de préparer des encens, des huiles d'onction ou encore des poudres spécifiques, dont les effets sont comparables aux produits de grandes marques que l'on trouve aujourd'hui dans le commerce. Vous pourrez trouver tous les ingrédients utilisés dans ces recettes dans n'importe quelle boutique d'occultisme réputée. Certains de ces ingrédients peuvent même être achetés dans des magasins d'alimentation bio.

En ce qui concerne les huiles d'onction, il est difficile de trouver une huile incolore. La quasi-totalité des huiles de grandes marques disponibles dans le commerce sont rouges, vertes, bleues, etc. Ces huiles colorées sont de bonne qualité, mais si vous vous en servez pour oindre une bougie au cours d'un rituel, elles ne doivent être utilisées que sur une bougie de la même couleur. Bon nombre des recettes présentes dans ce livre vous permettront d'obtenir une huile incolore, ce qui rendra son utilisation plus polyvalente.

QU'EST-CE QUE LA MAGIE ?

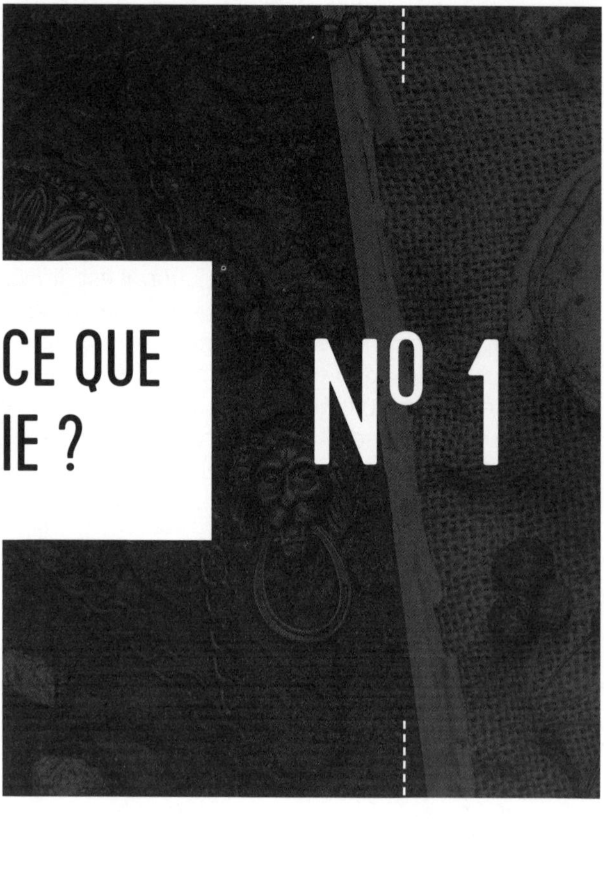

Les archéologues et les spécialistes des religions modernes ont clairement démontré que la croyance en la magie et l'utilisation de celle-ci existent depuis l'aube de l'humanité.

Aleister Crowley définit la magie comme « l'art ou la science de faire en sorte qu'un changement se produise conformément à la volonté ». L'homme étant fondamentalement guidé par les sentiments que sont l'amour et la haine, la magie a pris deux formes. La première, qui est destinée à profiter aux hommes, est communément appelée « magie blanche ». La seconde, dont l'objectif est de nuire à l'humanité, est connue sous le nom de « magie noire ».

On croit généralement à tort que toutes les personnes qui parviennent à pratiquer la magie sont des sorciers. Ce n'est pas vrai, car la magie en elle-même est une pratique. Ainsi, tout le monde peut étudier et utiliser la magie. Un praticien de la magie est qualifié, à juste titre, de « magicien ». Un sorcier est une personne qui appartient à l'ancienne religion de l'Europe pré-chrétienne, communément appelée « sorcellerie » et souvent désignée sous le nom de « Wicca » de nos jours.

Je recommande vivement à ceux qui souhaitent véritablement apprendre ce qu'est la sorcellerie, et en particulier la Wicca anglo-saxonne, de lire *Le guide complet de la sorcellerie selon Buckland.*

Il existe une loi universelle selon laquelle toute personne subit tôt ou tard les conséquences de ses actions. En raison de cette loi universelle, un praticien de la magie noire ne vit jamais une longue vie heureuse et prospère. Ainsi, ne soyez jamais tenté d'utiliser votre magie pour nuire à quelqu'un d'autre. De telles actions ne pourront que vous conduire à un avenir de misère et de frustration.

Au fil des siècles, l'humanité a développé différentes formes de magie. D'après moi, la forme de magie connue la plus ancienne est la magie sympathique, fondée sur la notion du semblable qui attire le semblable. Vient ensuite la magie cérémonielle, qui trouve ses origines dans le système de magie judaïque connu sous le nom de « Kabbale ». Dans cette magie, le magicien invoque toutes sortes d'entités pour l'aider dans son travail. Bon nombre des entités invoquées s'avèrent très hostiles au magicien, ce qui peut rendre cette forme de magie dangereuse. Une autre forme de magie est la magie talismanique, dans laquelle un objet créé par l'homme est doté d'un pouvoir ou d'une énergie pour permettre d'attirer à celui qui le porte l'objet de ses désirs. Un talisman peut également être fabriqué pour protéger du mal.

Comme je l'ai expliqué, bon nombre de méthodes sont employées pour pratiquer la magie. Les trois formes de magie mentionnées précédemment sont les plus populaires et sont largement utilisées par les magiciens solitaires de notre ère contemporaine.

Dans cet ouvrage, mon objectif est de vous apprendre la méthode communément utilisée dans le sud-est de la Louisiane, qui est fondée sur l'utilisation de grigris et qui trouve ses origines dans le vaudou. Par ailleurs, je vous présenterai une variante de la magie sympathique telle que je l'ai apprise et dans laquelle des poupées sont utilisées. Vous apprendrez également à créer et à utiliser des charmes et des sorts qui font partie de la magie du praticien solitaire.

POUR COMMENCER

Avant de pouvoir créer les charmes ou effectuer les rituels présentés dans cet ouvrage, vous aurez besoin de définir un espace où pratiquer la magie. Ce doit être un endroit calme, où vous pourrez vous retrouver seul et où vous n'aurez pas peur d'être dérangé. Si vous avez votre propre chambre, utilisez-la. L'endroit idéal pour pratiquer la magie peut être votre grenier, votre cave, ou encore une chambre d'amis où les membres de votre foyer n'entrent pas souvent. Certains des rituels présentés dans ce livre dureront pendant plusieurs jours et ne doivent subir aucun dérangement avant que vous n'y mettiez un terme.

Vous devrez également essayer de limiter autant que possible les nuisances sonores. Le son d'une radio, d'une chaîne stéréo ou d'une télévision, le bruit de la circulation ou encore les voix de personnes qui parlent fort vous empêcheront de mener à bien vos rituels. Toutes ces perturbations extérieures risquent de détourner votre attention absolue de votre travail rituel. Par ailleurs, il conviendra d'éteindre votre téléphone.

Pour effectuer votre travail rituel, vous aurez également besoin d'utiliser quelque chose en guise d'autel. À vrai dire, vous pouvez opter pour tout ce que vous voulez : une caisse en bois, une table basse, une planche posée sur des parpaings… La plupart des praticiens préfèrent toutefois utiliser le dessus d'une commode et se servir du tiroir du haut pour ranger leurs objets rituels. Sur la partie arrière de votre autel, vous disposerez une bougie blanche de chaque côté : il s'agira de vos bougies d'autel. Traditionnellement, les bougies d'autel sont allumées dans l'ordre suivant : la bougie à votre gauche d'abord, et la bougie à votre droite ensuite. Si vous le souhaitez, vous pouvez recouvrir votre autel d'une nappe. Votre nappe d'autel doit être blanche. Certains praticiens, moi y compris, aiment également disposer des fleurs sur leur autel. Les fleurs ont tendance à nous rappeler la beauté de la nature. Si vous avez l'intention d'utiliser des fleurs sur votre autel, utilisez des fleurs fraîchement coupées et non des fleurs artificielles. Pour en savoir plus, référez-vous à la disposition de base de l'autel.

Bon nombre de personnes aiment ajouter des statuettes ou des photographies à caractère religieux sur leur autel. Ce n'est pas obligatoire, mais si vous souhaitez le faire, vous les disposerez sur la partie arrière de votre autel, entre les bougies, avec votre encensoir placé devant.

Étant donné que de l'encens sera utilisé dans tous les rituels, vous aurez besoin d'un encensoir. Si vous ne parvenez pas à trouver un encensoir dans les magasins de votre région, vous pouvez en fabriquer un vous-même. N'importe quel plat ou récipient non combustible, thermorésistant et de la taille d'une coupe fera l'affaire. Il doit être à moitié rempli de terre ou de sable. La terre ou le sable absorbera la chaleur générée par l'encens brûlé et permettra d'éviter de brûler votre autel. Les recettes pour préparer de l'encens seront données dans la deuxième partie de cet ouvrage.

DISPOSITION DE BASE DE L'AUTEL

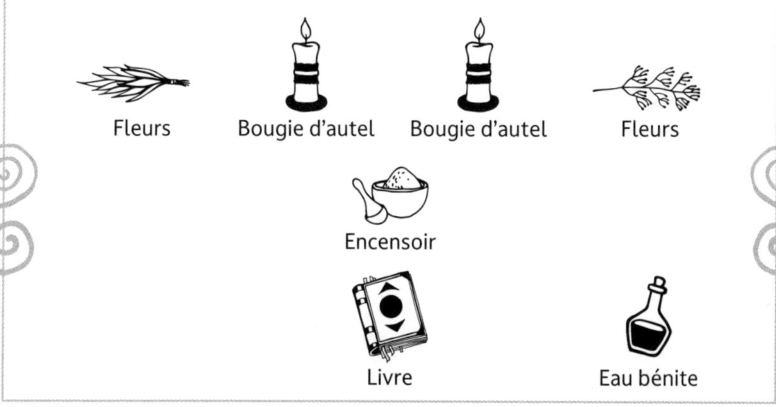

Dans les rituels, nous utiliserons des bougies de différentes couleurs. Chaque couleur s'est vu attribuer sa propre influence vibratoire. Étant donné que seule la couleur est importante, la taille et la forme de la bougie ne font aucune différence. Voici les couleurs avec lesquelles nous allons travailler et les influences vibratoires qui leur sont associées :

- **Blanc :** augmente la force spirituelle, brise les malédictions ou les conditions défavorables et représente la foi, la pureté, la vérité et la sincérité.
- **Rose :** combat le mal et représente l'honneur, l'amour, la moralité, l'amitié et la réussite globale.
- **Rouge :** représente l'amour, la sexualité, la bonne santé, la force et la vigueur physique.
- **Orange :** renforce la capacité à se concentrer et représente l'encouragement, l'attraction, la flexibilité et la stimulation.
- **Jaune :** donne confiance et représente l'attraction, la persuasion (c'est-à-dire que cette couleur peut permettre de faire changer les esprits) et le charme.
- **Vert :** représente l'argent, la chance, la réussite financière et la prospérité, la fertilité, les bonnes récoltes et la coopération.
- **Bleu clair :** augmente le pouvoir de perception et représente la compréhension, la santé, la tranquillité, la protection, la paix, le bonheur global, la conscience spirituelle et la patience.
- **Bleu foncé :** représente la dépression, les sautes d'humeur, la versatilité, l'impulsivité, le malheur et la soumission.
- **Violet :** représente l'ambition et le pouvoir (psychique comme magique), favorise l'évolution des entreprises, provoque une tension et renforce la volonté.
- **Marron :** représente l'hésitation à tous les niveaux, l'incertitude et le doute, la neutralité et le vol d'énergie.
- **Noir :** représente la tristesse et le deuil, le mal, les pertes, les désaccords et la confusion.
- **Gris :** représente les rétractations, les impasses et la neutralité.

- **Jaune verdâtre :** représente la jalousie et la colère, la maladie, les disputes, les désaccords et la lâcheté.

Pour renforcer davantage les influences vibratoires des bougies lors de vos rituels, vous devrez d'abord les bénir pour les débarrasser de toutes leurs vibrations négatives et de toutes leurs impuretés, puis les oindre pour définir clairement les vibrations que vous souhaitez pour votre rituel. La méthode pour bénir une bougie est présentée dans la partie intitulée « Avant le rituel ».

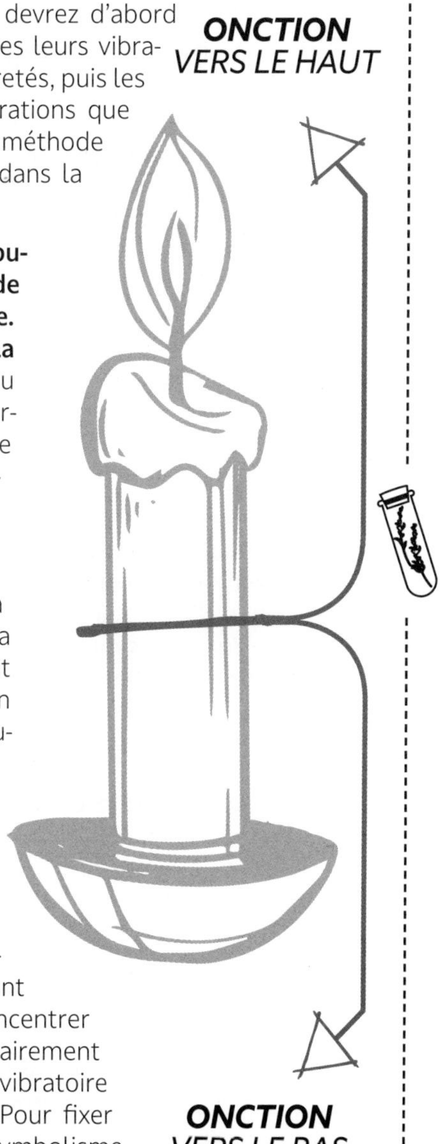

« Oindre » est le terme le plus souvent utilisé pour désigner l'action de consacrer une bougie avec de l'huile. L'onction de la bougie se fait de la manière suivante : en partant du milieu de la bougie, appliquez l'huile sur la surface de la bougie avec votre main droite (ou votre main gauche, si vous être gaucher) en remontant jusqu'à la mèche. Continuez d'appliquer l'huile sur la surface de la bougie, en partant du milieu de celle-ci et en remontant, jusqu'à ce que toute la moitié supérieure de la bougie soit enduite. Ensuite, en partant toujours du milieu, appliquez l'huile en descendant jusqu'à la base de la bougie. Continuez d'appliquer l'huile sur la surface de la bougie, en partant du milieu de celle-ci et en descendant, jusqu'à ce que toute la moitié inférieure de la bougie soit enduite. Il est extrêmement important que vous vous concentriez sur le symbolisme qu'a la bougie dans le rituel pendant que vous l'enduisez. Le fait de se concentrer lors de l'onction de la bougie définit clairement dans l'esprit du praticien l'influence vibratoire que la bougie aura pendant le rituel. Pour fixer davantage dans votre esprit le symbolisme qu'aura la bougie dans le rituel, tenez-la dans votre main dominante et visualisez le symbolisme de la bougie. Si la bougie représente l'argent, visualisez de l'argent ou la quantité d'argent dont vous avez besoin ; si elle représente l'amour, visualisez un cœur, etc.

QUAND EFFECTUER VOS RITUELS ?

Lorsque vous envisagez d'effectuer un rituel, il est bon de tenir compte des phases de la Lune. Tous les rituels de nature constructive comme les rituels d'amour, de réussite, de progrès, de fertilité, de santé, d'amélioration, de changement de profession, de prévention du mal, de richesse, etc., doivent être effectués lorsque la Lune est ascendante. La Lune est considérée comme ascendante pendant la période entre la nouvelle lune et la pleine lune. Tous les rituels de nature destructive, comme les rituels destinés à rompre une relation amoureuse, à empêcher une personne de faire quelque chose, à mettre fin à de mauvaises habitudes, à causer des désaccords, etc., doivent être effectués lorsque la Lune est descendante, c'est-à-dire pendant la période entre la pleine lune et le nouvelle lune.

Comme vous pouvez le voir, nous allons renforcer nos rituels en les effectuant pendant certaines phases de la Lune. Nous solliciterons également l'aide des sept planètes. Chaque jour de la semaine est régi par l'une des sept planètes. Chacune d'elles est réputée avoir une influence sur certains aspects de notre vie quotidienne. Les régents planétaires associés aux jours de la semaine sont les suivants :

Le dimanche est régi par le Soleil. La couleur associée au dimanche est le jaune. L'influence du dimanche concerne la création de la paix et de l'harmonie, l'obtention des faveurs de personnes haut placées (il peut même s'agir de votre patron ou de votre supérieur hiérarchique direct), les richesses, l'honneur, la gloire, la naissance d'amitiés, la récupération de propriétés perdues et la prévention des guerres.

Le lundi est régi par la Lune. Il est associé au blanc. Le lundi est idéal pour entreprendre des rituels liés aux réconciliations, aux rêves, à la réceptivité, à l'amour, aux voyages (pour favoriser des excursions agréables ou sans danger), aux messages et à la fertilité féminine.

Le mardi est régi par Mars. La couleur associée à Mars est le rouge. L'influence positive de Mars concerne le développement du courage, le renversement des ennemis, les honneurs militaires et la rupture des sorts négatifs. D'un point de vue négatif, Mars peut créer des conflits et des difficultés, provoquer de la rancœur dans les amitiés, etc.

Le mercredi est régi par Mercure. Il est associé au violet. L'influence de Mercure concerne la santé, les sciences, les études, le développement psychique et spirituel, les communications, la divination et le fait d'influencer les autres.

Le jeudi est régi par Jupiter. Il est associé au bleu. Utilisez ce jour pour entreprendre des rituels liés à la richesse, à l'obtention d'honneurs, à la fertilité masculine, à l'amitié, à la santé, à la chance, à la réussite dans votre carrière et à l'ambition en général.

Le vendredi est régi par Vénus. Il est associé au vert. L'influence de Vénus dans nos vies a à voir avec l'amour, la romance, la beauté, la générosité, le bonheur, le voyage, le développement de nouvelles amitiés et la satisfaction des désirs.

Le samedi est régi par Saturne. La couleur associée à Saturne est le noir. L'influence de Saturne concerne les attaques psychiques (d'un point de vue négatif) et l'auto-défense psychique (d'un point de vue positif), la protection contre le mal, la communication spirituelle et tout ce qui est lié au foyer.

À titre d'exemple, supposons que vous veniez de décrocher un nouvel emploi et que vous souhaitiez effectuer un travail rituel pour développer une bonne relation avec votre patron. Ce travail rituel sera considéré comme de la magie constructive et ses chances de réussite seront meilleures si vous l'effectuez pendant la phase ascendante de la Lune. À présent, jetons un œil au calendrier pour voir dans quelle phase de la Lune nous nous trouvons en ce moment. Nous nous rendons compte que la nouvelle lune a eu lieu il y a cinq jours. Dès lors, nous sommes déjà dans la phase de la Lune appropriée et il n'est pas nécessaire d'attendre. Ensuite, nous consultons notre tableau des influences pour les jours de la semaine. Nous voyons que le Soleil est associé à l'obtention des faveurs de personnes haut placées et qu'il s'agit également de la bonne planète pour se faire des amis. Grâce à ces informations, nous savons que le dimanche est le jour idéal pour commencer ce rituel en particulier. Nous revenons donc à notre calendrier pour voir combien de jours nous devrons attendre jusqu'à ce qu'un dimanche arrive pendant la phase de la lune ascendante pour pouvoir commencer notre rituel. Pendant cette courte période d'attente, nous pouvons rassembler tous les éléments qui seront nécessaires pour effectuer le rituel.

La question suivante se pose alors : à quel moment de la journée devez-vous effectuer votre travail rituel ? La réponse à cette question est simple : vous devez effectuer vos rituels soit pendant la première heure du lever du soleil, soit pendant la première heure du coucher du soleil. Quel que soit le moment que vous choisirez, il conviendra d'effectuer votre travail rituel au même moment chaque jour, jusqu'à ce que le rituel soit terminé.

AVANT LE RITUEL

La première étape consiste à supprimer toutes les choses susceptibles de vous interrompre et de s'immiscer dans votre intimité au cours du rituel. Si cela peut vous rassurer, verrouillez la porte de la pièce dans laquelle vous effectuez votre travail rituel. Si vous le souhaitez, vous pouvez fixer un crochet de contrevent ordinaire à votre porte.

Installez votre autel en suivant la disposition de base de l'autel. Rassemblez tous les éléments que vous utiliserez dans votre rituel. Les éléments utilisés dans les rituels seront listés plus loin, car je décrirai chaque rituel en détail. Ces éléments doivent être placés sur une petite table à côté de l'autel. Effectuez plusieurs vérifications pour vous assurer de n'avoir rien oublié. Vous aurez également besoin d'une bougie aux herbes pour le développement psychique et spirituel. Sur cette bougie, écrivez votre prénom, votre nom et votre date de naissance. Enduisez la bougie aux herbes d'huile de pouvoir. Éteignez les lumières de façon à vous plonger dans l'obscurité naturelle de la pièce où vous vous trouvez. Ensuite, procédez comme suit :

1. **Allumez vos bougies d'autel et votre encens.**
2. **Allumez la bougie aux herbes pour le développement psychique et spirituel.**
3. **Enduisez votre front d'huile de pouvoir en traçant une croix. Imaginez une lumière blanche et claire vous illuminer et vous envahir de la tête aux pieds. Voyez cette lumière blanche se répandre et vous entourer. Voyez-la grandir jusqu'à remplir entièrement la pièce. Sachez que vous êtes rempli de cette lumière qui vous entoure et que le pouvoir de l'obscurité ne peut en aucun cas vous blesser.**
4. **Prenez le bol d'eau bénite et, avec vos doigts, répandez-en dans chaque recoin de la pièce. Aspergez votre autel de cette eau et versez-en autour de celui-ci, tout en prononçant ce qui suit :**

Là où cette eau bénite est jetée,
ne dure aucun sort ni aucune chose de l'obscurité.
Ce qui avec moi n'est pas en harmonie,
à partir de ce moment obligatoirement s'enfuit.

Lorsque vous avez terminé, reposez le bol d'eau bénite sur l'autel.

5. **Méditez un instant sur l'intention de votre rituel.**

Les étapes mentionnées ci-dessus doivent être effectuées avant chaque rituel. Les étapes 3 et 4 servent à vous purifier et à nettoyer l'espace où vous effectuerez votre travail. De plus, ces actions permettront d'éliminer toute négativité susceptible de nuire à la réussite de votre travail.

Alors que vous mettrez en place votre autel pour commencer votre rituel, il conviendra de consacrer (ou bénir) tous les éléments que vous utiliserez à mesure que vous les placerez sur l'autel. Une seule bénédiction suffit. Il n'est donc pas nécessaire de répéter cette opération chaque jour.

Plongez vos doigts dans l'eau bénite et touchez l'élément à bénir en prononçant ces mots :

Grâce à cette eau bénite pure,
aucune négativité ne perdure.
Consacré comme il convient,
sois dédié pour le bien.

Vous pouvez trouver de l'eau bénite dans n'importe quelle église catholique romaine, ou vous pouvez en préparer une qui sera tout aussi efficace en procédant comme suit :

1. Versez une cuillerée à soupe de sel dans une soucoupe. Placez les deux mains au-dessus du sel, les paumes vers le bas. Dirigez mentalement votre énergie pour la faire circuler et dites :

   Puisse ce sel être pur
   et puisse la pureté de ce sel
   bénir tout ce qu'il touche.

2. Placez les deux mains au-dessus du bol d'eau bénite, les paumes vers le bas. Dirigez mentalement votre énergie pour la faire circuler et dites :

   Je consacre cette eau
   pour que toutes les conditions négatives en soient chassées
   et pour pouvoir l'utiliser sans danger
   dans mes rites.

3. Versez une partie du sel dans l'eau bénite, tout en affirmant ce qui suit :

Ensemble, ce sel et cette eau
deviendront un instrument puissant
pour purifier et chasser tout mal
et toute négativité lorsque j'utiliserai
cette eau bénite dans mes rites.

METTRE FIN AU RITUEL

Avant d'éteindre les bougies d'autel, il est conseillé de prendre un instant pour rendre grâce. Joignez vos mains avec les paumes tournées vers les bougies d'autel tout en prononçant ce qui suit :

Merci pour toutes les bénédictions
qui ont touché ma vie par le passé.
Je vous remercie pour toutes les bénédictions
qui se présenteront sur mon chemin à l'avenir,
alors que je vis chaque jour dans la paix et l'amour.

Éteignez les bougies dans l'ordre inverse où vous les avez allumées.

Remarque : les étapes 1 à 5 sont idéales comme rituel pour la prière quotidienne. Dans ce cas, vous brûlerez de l'encens d'aura d'enchantement. Lorsque votre temps de méditation et de prière est terminé, mettez simplement fin au rituel.

LES CHARMES

N° 2

Les charmes prennent la forme de ce qu'on appelle des « grigris », nom qui leur est donné en Louisiane. Toutefois, cette méthode de fabrication de charmes n'est pas exclusive à la Louisiane. Ces charmes portent en effet différents noms dans diverses régions du monde : sachets de conjuration, wangas, sacs médecine, sacs de charme, mojos (ou sacs-amulettes), etc. Quel que soit le nom utilisé pour les désigner, il s'agit de petites pochettes à cordon fabriquées à partir de flanelle rouge ou de peau de chamois, d'une largeur de 5 cm et d'une longueur de 7,5 cm.

À l'intérieur du grigri, on trouve divers éléments comme des herbes, des racines, des poudres, des pierres, des bouts de tissu ou de plumes colorés, des os ou encore des symboles de chance, d'amour ou d'argent. Des objets personnels appartenant à la personne à qui le grigri est destiné sont également introduits dedans. Il peut s'agir de cheveux, de bouts d'ongles, de bouts de vêtements tâchés de transpiration, ou même de mouchoirs usagés. Dans un grigri, on trouvera toujours un, trois, cinq, sept, neuf ou treize éléments. Il est impossible d'y introduire plus de treize éléments, et le nombre d'éléments introduits doit toujours être impair.

Le grigri constitue en lui-même une forme de magie talismanique et il est toujours confectionné au cours d'un rituel, sur un autel. Lorsqu'il est porté par une personne, un grigri correctement fabriqué et consacré est réputé permettre d'attirer ou de chasser certaines influences. Par conséquent, un grigri peut être fabriqué à de nombreuses fins, bonnes comme mauvaises. Il peut être utilisé pour attirer l'amour, l'argent ou la santé, ou bien pour provoquer la maladie, la malchance ou même la mort d'un ennemi.

À titre d'exemple, pour fabriquer un grigri destiné à une femme qui souhaite attirer l'amour d'un homme en particulier, vous utiliserez les éléments suivants : un petit cœur en cire rouge contenant des cheveux ou d'autres éléments appartenant à la femme ainsi qu'à l'homme qu'elle convoite, de la poudre d'attraction d'amour, un morceau de racine d'iris, de la verveine et une cuillerée à café de passiflore. Comme dit précédemment, la confection du grigri se fait au cours d'un rituel. Tous les éléments doivent être consacrés sur votre autel à mesure que vous les introduisez dans la pochette. Une fois que la pochette est remplie, elle est enduite d'huile. Étant donné que cette pochette est fabriquée à des fins d'amour, vous utiliserez soit de l'huile d'attraction d'amour, soit de l'huile d'attraction, ou encore un mélange des deux.

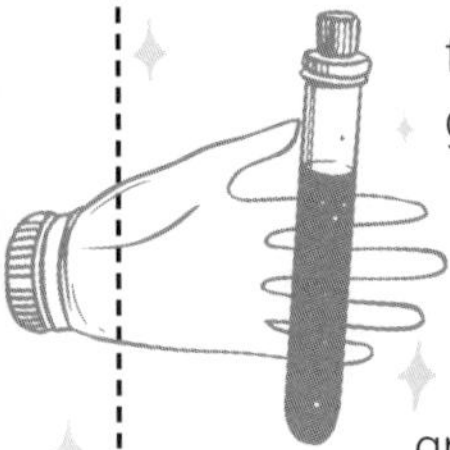

Une fois la fabrication du grigri terminée, il est donné à la femme pour qu'elle puisse le porter. Les femmes épinglent généralement le grigri à l'intérieur de leur soutien-gorge, de leur robe ou de leur chemisier, à proximité de l'aisselle gauche. Quant aux hommes, ils portent habituellement le grigri autour du cou ou l'épinglent à l'intérieur de leurs sous-vêtements. Parfois, les hommes transportent simplement le grigri dans leur poche. De cette façon, la pochette entre en contact avec leur peau à chaque fois qu'ils mettent la main dans leur poche.

Un flacon contenant la même huile que celle qui a été utilisée dans la fabrication du grigri sera également donné à la femme pour qu'elle puisse en verser sur la pochette une fois par semaine.

Le grigri, tout comme les autres talismans et amulettes, agit comme un soutien psycho-spirituel. En d'autres termes, il implique d'avoir la foi. Il sert à intensifier votre foi dans le fait que grâce à son aide, vous obtiendrez ceci ou vous recevrez cela. Afin de renforcer votre confiance dans l'efficacité du grigri, vous devez totalement comprendre ce que symbolise chacun des éléments placés dans le grigri. Cette compréhension est essentielle, car les éléments utilisés agissent comme une aide psychologique pour renforcer le lien entre le désir et l'esprit de la personne dont l'énergie sera utilisée lors de la fabrication du grigri.

Néanmoins, la foi seule ne suffit pas. Il convient également de faire preuve de patience, car tous vos désirs ne se manifesteront pas rapidement. Selon toute probabilité, certains prendront du temps à se concrétiser, car certaines conditions doivent être créées avant que vos désirs ne deviennent réalité. Cependant, si vous gardez la foi et que vous restez patient, le grigri peut servir de clé pour ouvrir la porte de votre bonheur à venir.

Certains disent que les pensées sont des choses. La pensée humaine produit de l'énergie et l'énergie crée la force qui, à son tour, provoque l'action. Votre volonté est l'opératrice et la directrice qui transmet vos pensées et les guide vers leur destination. Vos pensées, toujours guidées et contrôlées par votre volonté, deviennent par conséquent une force, que ni le temps ni la distance ne peut décourager. Vos pensées produisent ainsi des vibrations mentales qui ne peuvent pas être perdues. En fabriquant un grigri, un certain modèle de pensée est créé et mis en mouvement.

Ici, je souhaite vous dire que plus votre capacité à vous concentrer sera grande, plus vos efforts porteront leurs fruits. Vous devez être capable de maintenir une pensée fixe sur un seul sujet en excluant toutes les autres pensées, et vous devez savoir comment y parvenir. Cette faculté requiert de l'entraînement, dans une atmosphère calme et solitaire. En vous concentrant pendant quelques minutes sur un sujet précis, vous remarquerez que vos pensées commencent à s'égarer. Par conséquent, il sera nécessaire de continuer à vous entraîner à vous concentrer jusqu'à ce que vous y arriviez pendant une vingtaine de minutes. Par exemple, choisissez un cercle ou tout autre symbole. Le premier jour de votre entraînement à la concentration, notez la durée pendant laquelle vous avez été capable de maintenir une image claire du symbole choisi dans votre esprit. Chaque jour, essayez de maintenir l'image du symbole pendant une minute de plus, jusqu'à ce que vous soyez capable de le faire pendant vingt minutes consécutives. Il convient de vous concentrer uniquement sur le symbole et de chasser toutes les autres pensées de votre esprit ; si vous ne le faites pas, vous ne vous entraînez pas à vous concentrer sur une seule chose à la fois.

Vous ne devez pas seulement apprendre à vous concentrer. Vous devez également apprendre à créer des images mentales. La pensée créatrice est une pensée qui rend concret un sujet en particulier, composé d'une image mentale précise et comportant toutes les caractéristiques correspondantes. Par votre imagination, vous devez dépeindre solidement dans votre esprit une image la plus précise possible de la chose que vous désirez.

Vous souhaitez améliorer vos affaires ? Créez une image mentale de vos clients qui s'attroupent et qui attendent devant votre boutique avant qu'elle n'ouvre. Imaginez toutes ces personnes acheter vos produits sans essayer de marchander leurs prix. Vous voulez de l'argent ? Créez une image mentale de la quantité d'argent que vous désirez et maintenez cette image dans votre esprit jusqu'à ce que vous puissiez la voir se matérialiser devant vous. Plus vos images mentales sont claires et concentrées en force et en intensité, plus tôt elles deviendront des réalités concrètes. Les vibrations continuent d'émaner de votre esprit pour atteindre l'éther qui vous entoure, ce qui crée un effet magnétique qui attire l'objet désiré. Il n'est pas nécessaire de voir où et comment l'argent viendra à vous ; l'Esprit universel choisira la manière juste et appropriée pour vous donner l'objet que vous demandez, sans blesser qui que ce soit.

Il est possible de penser sans avoir recours à des mots ; c'est alors que l'image mentale devient une pensée concrète et se transforme en une véritable pensée créatrice. Chaque chose que vous désirez existe réellement dans l'Univers alentour, et vous pouvez la posséder.

Pour confectionner vos grigris, vous travaillerez avec des plantes. Ainsi, il est recommandé de connaître les plantes qui sont en harmonie avec votre personnalité et de travailler uniquement avec celles-ci lorsque vous fabriquerez vos grigris. Pour savoir si une plante est en harmonie ou non avec vous, placez simplement votre main gauche au-dessus de la plante (ou votre main droite, si vous êtes gaucher) et demandez mentalement à la plante, à la racine ou à l'écorce si elle est en harmonie avec vous. Si c'est le cas, vous ressentirez un picotement ou un flux d'énergie entre votre main et la plante. Si ce n'est pas le cas, vous ne ressentirez rien du tout. Les personnes qui sont familiarisées avec l'art du pendule peuvent trouver son utilisation tout aussi appropriée.

Vous trouverez ci-dessous une liste de plantes avec leurs associations élémentaires. Étudiez attentivement cette liste.

Amour : baie de cubèbe, racine d'iris, jatamansi, vanilline, verveine, fleur de violette, laurier, racine d'Adam et Ève, trille rouge, marronnier d'Inde, vétiver, renouée persicaire, lavande, lotus, livèche, magnolia, gui, passiflore, feuille de patchouli, petite pervenche, iris d'Allemagne, copeaux de quassia, bouton de rose, yerba mate, bugle rampante, toque, cynorrhodon, fleur d'oranger, potentille, fleur de tilleul, racine de gentiane, chiendent, pensée sauvage.

Passion : myrte, absinthe, aloès, clou de girofle, damiana, graine d'aneth, coriandre, dulse, basilic, baie de genévrier, baie de palmier de Floride, sanicle du Canada, graine de fenouil, graine de paradis, racine d'orchis mâle, sanicle, racine de verveine officinale, bâton de réglisse, feuille de patchouli.

Argent : marronnier, clou de girofle, fenugrec, racine haute de John le Conquérant, racine basse de John le Conquérant, muscade, marjolaine, impératoire, renouée, fève tonka, thym, myrique, échinacée, potentille, poivre de Guinée, mousse d'Irlande, varech, verveine citronnelle, abrus à chapelet, potentille ansérine, consoude, tussilage, actée à grappes, polygala de Virginie.

Chance : luzerne, tulipe angélique, feuille de frêne, basilic, chardon béni, camomille, racine de galanga, graine de paradis, graine de moutarde, pivoine, patience crépue, ginseng, racine de Jézabel, pomme de mai, rince-bouteille Little John, fève tonka, mousse d'Irlande, racine de reine-des-prés, pépin de coing, persil, potentille, faux philodendron, potentille ansérine, hortensia de Virginie, cascara sagrada, racine de John le Conquérant, trèfle à quatre feuilles, racine de gingembre de la Jamaïque, romarin, racine de musc.

Réussite : cannelle, patience crépue, racine de scille, racine de John le Conquérant, potentille ansérine, racine de Jézabel, chimaphile à ombelles, trèfle des prés, marronnier, mousse d'Irlande, potentille, écorce d'orme, vétiver, pomme de mai, abrus à chapelet, fève tonka, racine d'acore, feuille de verveine, hydraste du Canada.

Santé : verveine, thym, feuille et racine de sassafras, menthe poivrée, marrube, houblon, eucalyptus, grande camomille, ase fétide, herbe à chat, feuille de pissenlit, salsepareille, immortelle, verveine officinale, brunelle commune, hydraste du Canada, bétoine, hysope, graine de citrouille.

Protection contre le mal : vétiver, feuille de boldo, racine de mandragore, ail, galane glabre, baume de Galaad, collinsonie, feuille de basilic, feuille de laurier, ase fétide, pépin de coing, racine de main chanceuse, potentille, résine de sang de dragon, sanguinaire du Canada, soufre, oliban, racine haute de John le Conquérant, cascara sagrada, millepertuis, racine de gingembre africain, actée à grappes, vigne, fougère, polygala de Virginie, fleur de lune, racine d'aconit, graine de carvi.

Malédiction : galane glabre, myrtille, bolet pomme de pin, poivre de Guinée, renouée des oiseaux, graine de moutarde noire, feuille de poivrier, racine de phytolaque, graine de pavot, rue, tormentille, chiendent, valériane, absinthe, racine de chicorée, graine de lin, pomme épineuse, molène, écorce de quinquina rouge, racine de symplocarpe fétide, écorce de yohimbe, passerage champêtre.

Développement psychique et spirituel : potentille, graine d'anis, fraxinelle, graine de céleri, mélisse, herbe du tigre, armoise, acacia, marjolaine, persil, cannelle, menthe, thym, sauge, romarin, oliban, racine de bétel, feuille de buchu, bugle rampante, fleur de souci, euphraise.

En étudiant la liste des plantes et de leurs associations occultes, vous remarquerez que certaines présentent plus d'une association.

J'ai mentionné précédemment que les pierres peuvent être utilisées dans un grigri. Depuis des années, les pierres sont réputées posséder des associations astrologiques et des propriétés occultes d'attraction. Comme avec les plantes, certaines autorités peuvent différer. Je ne peux donc que vous donner les informations telles que je les ai apprises[1]. Certains praticiens n'utilisent pas du tout les pierres, alors que d'autres estiment que l'utilisation de pierres permet d'accroître l'efficacité du grigri. Lorsque j'ai commencé à apprendre les pratiques magiques dans le sud de la Louisiane, on m'a répété : « Utilise absolument tout ce qui fonctionne pour toi dans tes rituels. »

En étudiant les associations astrologiques des pierres, il convient également de tenir compte des signes lunaires et ascendants. Lorsque vous sélectionnez des pierres, choisissez-les pour leurs propriétés occultes. Imaginons par exemple que votre date de naissance est le 12 mars 1952. Vous recherchez une pierre qui intensifiera vos pouvoirs occultes. En jetant un œil à notre liste de pierres, nous constatons que le jade possède des propriétés occultes réputées intensifier les pouvoirs occultes d'une personne. Nous remarquons également qu'il s'agit d'une pierre puissante pour les personnes nées sous les signes de

1 J'utilise les pierres et leurs propriétés occultes telles qu'enseignées par Al Manning à l'E.S.P. Lab. en Californie.

la Vierge, de la Balance et du Verseau. Par ailleurs, le 12 mars, le Soleil est en Poissons. Toutefois, ce jour-là, la Lune est entrée dans le signe de la Balance. Le jade fonctionnera donc tout aussi bien, même si le Soleil est en Poissons.

- **Agate :** les associations astrologiques de cette pierre sont le Taureau et le Gémeaux. Elle est réputée attirer la paix, la victoire dans les jeux d'argent, le bonheur et la chance. Elle est également considérée comme plus puissante lorsqu'elle est utilisée par des personnes nées sous les signes du Gémeaux et du Taureau.
- **Améthyste :** les associations astrologiques de cette pierre sont le Bélier et le Verseau. Elle attire l'amour et la chance. Elle permet de prévenir l'ivresse et elle est réputée protéger de la sorcellerie maléfique. L'améthyste fonctionne mieux lorsqu'elle est utilisée par des personnes nées sous les signes du Bélier et du Verseau.
- **Béryl :** aucun signe astrologique n'est associé à cette pierre. Elle est réputée attirer une romance et un amour profonds. Elle peut apporter de l'espoir. Elle possède également des qualités protectrices.
- **Corail :** le corail est associé au Taureau et au Sagittaire. Il est considéré comme l'une des pierres de protection les plus puissantes. Il protège du mauvais œil, de tous les sorts destinés à nuire au porteur, des catastrophes naturelles et des événements malheureux. Il est associé à Vénus. Il est également réputé être particulièrement puissant lorsqu'il est utilisé par des personnes ayant le Taureau, le Sagittaire ou la Balance comme signe solaire, lunaire ou ascendant.
- **Diamant :** ses associations astrologiques sont le Bélier et le Lion. Le diamant est considéré comme capable d'attirer le pouvoir, les richesses et les amis. Il s'agirait de la pierre idéale pour résoudre les différends entre deux personnes en conflit. Le diamant symbolise la paix, la fidélité et l'opulence. Il est réputé être plus puissant lorsqu'il est utilisé par des personnes nées sous les signes du Bélier et du Lion.

- **Émeraude :** elle est associée au Taureau, au Gémeaux et au Cancer. Elle est également liée à la prémonition et à la capacité à voir l'avenir. L'émeraude cultive l'amour et la beauté et renvoie tous les sorts négatifs à son expéditeur. C'est lorsqu'elle est utilisée par des personnes nées sous les signes du Taureau, du Gémeaux et du Cancer que l'émeraude est la plus puissante.
- **Grenat :** son association astrologique est le Bélier. Cette pierre attire la pureté, la sincérité et la compréhension. Elle a tendance à être un peu étouffante et dominatrice, mais elle peut s'avérer utile pour les personnes nées sous les signes du Verseau et du Capricorne.
- **Jade :** les associations astrologiques du jade sont la Vierge, la Balance et le Verseau. Cette pierre est considérée comme sacrée depuis des siècles. Elle porte chance et protège des maladies ou des mauvais esprits. Elle est également réputée intensifier les pouvoirs occultes. Elle représente la sérénité et l'immortalité. Le jade est une pierre puissante pour les personnes nées sous les signes de la Balance, de la Vierge et du Verseau.
- **Jaspe :** le Scorpion est associé à cette pierre. Le jaspe est réputé pouvoir protéger de la douleur et préserver l'indépendance d'une personne. Il apporte à son porteur une bonne fortune et une protection contre les influences dominantes d'autrui. Il est plus puissant lorsqu'il est utilisé par des personnes nées sous les signes de la Vierge et du Sagittaire.
- **Lapis-lazuli :** l'association astrologique de cette pierre est le Sagittaire. Elle est réputée posséder des qualités d'attraction d'esprits puissants et hautement évolués. On a longtemps considéré que cette pierre conférait de grands pouvoirs surnaturels à son possesseur. Le lapis-lazuli est puissant lorsqu'il est utilisé par des personnes ayant le Sagittaire comme signe solaire, lunaire ou ascendant.
- **Opale :** le Cancer, la Balance et le Scorpion sont les associations astrologiques de cette pierre. L'opale est considérée comme une pierre très dangereuse à porter pour ceux

qui ne sont pas en harmonie avec elle. Cette pierre est de nature mystique et apporte la chance et des pouvoirs mentaux supplémentaires aux personnes nées sous les signes de la Balance, du Cancer et du Scorpion. Attention : si vous n'êtes pas d'un de ces trois signes, faites preuve d'une extrême prudence lorsque vous utilisez une opale.

- **Pierre de lune :** son association astrologique est le Cancer. Elle est réputée être une pierre d'amour. Elle possède des qualités de protection des amours et d'inspiration de tendres passions. Elle est considérée comme particulièrement puissante lorsqu'elle est portée par des personnes ayant le Cancer comme signe solaire, lunaire ou ascendant.
- **Pierre de sang :** les signes astrologiques associés à cette pierre sont le Scorpion et le Poissons. La pierre de sang est également connue sous le nom d'« héliotrope ». Elle est réputée induire des amitiés, calmer la colère et apaiser les sautes d'humeur. Elle protégerait également du mauvais œil et de la dépression. La pierre de sang est plus puissante lorsqu'elle est utilisée par des personnes nées sous les signes de la Vierge, du Scorpion et du Poissons.
- **Rubis :** le rubis est associé aux signes astrologiques du Lion et du Capricorne. Cette pierre représente le pouvoir, la loyauté et le courage. Elle est un focaliseur d'énergie occulte. Elle protège des difficultés et apporte son aide dans l'amour et la passion. Elle est plus puissante lorsqu'elle est utilisée par des personnes nées sous les signes du Cancer, du Lion et du Capricorne.
- **Saphir :** le Taureau, la Vierge, la Balance et le Verseau sont associés au saphir. Considéré comme une pierre de sorcellerie et de pouvoirs occultes, il tend à propager la douceur et la paix. Cette pierre est idéale pour mettre en lumière la justice et la vérité. Elle est plus puissante lorsqu'elle est utilisée par des personnes nées sous les signes du Taureau, de la Vierge, de la Balance et du Verseau.
- **Sardonyx :** ses associations astrologiques sont le Lion et la Vierge. Elle possède des qualités protectrices contre les sorts et les incantations. Elle tend à renforcer l'esprit de son porteur et renvoie à la convivialité et à la rigueur.

Elle est plus puissante lorsqu'elle est utilisée par des personnes nées sous les signes du Lion et de la Vierge.

- **Topaze :** le Bélier et le Scorpion sont les associations astrologiques de la topaze. Elle protège les guerriers et possède la capacité de mettre en fuite les démons et de vaincre les mauvais sorts jetés par des sorciers. La topaze a longtemps été utilisée à des fins divinatoires pour localiser de l'eau et des trésors. Cette pierre est plus puissante lorsqu'elle est utilisée par des personnes nées sous les signes du Bélier, du Gémeaux, du Scorpion et du Sagittaire.
- **Turquoise :** les associations astrologiques de cette pierre sont le Taureau, la Balance et le Sagittaire. Elle apporterait de l'amour et du courage. Elle est réputée protéger de la violence, tant dans les pensées que dans les actes. La turquoise est également idéale pour réduire les tensions physiques et mentales. Cette pierre est plus puissante lorsqu'elle est utilisée par des personnes nées sous les signes du Taureau, de la Balance et du Sagittaire.
- **Zircon :** le Taureau et le Verseau sont associés au zircon, pierre qui attire la gloire et la fortune. Elle est considérée comme une pierre de souhaits. Elle protège également des accidents ou des catastrophes naturelles. Cette pierre est plus puissante lorsqu'elle est utilisée par des personnes nées sous les signes du Taureau et du Verseau.

Voici d'autres éléments qui peuvent être utilisés dans la confection d'un grigri :

- **des magnétites.** Si vous achetez de grosses magnétites, vous pouvez toujours les briser en petits morceaux à l'aide d'un marteau. Ainsi, vous en aurez davantage pour votre argent. Les magnétites sont généralement utilisées par paire. L'une sert à attirer les forces positives et l'autre permet de chasser les négatives ;
- **des trèfles** à quatre feuilles pour vous porter chance ;
- une petite **patte de lapin ;**
- **de petites croix ou un crucifix** pour symboliser votre foi ;

- **des pièces de monnaie** dans une pochette conçue pour attirer des richesses ;
- **des poudres** pour l'amour, l'argent, la chance aux jeux d'argent, le décroisement, etc. ;
- **un dé** pour symboliser votre désir d'avoir de la chance ou d'obtenir de l'argent de cette manière ;
- **des talismans** créés sur parchemin ;
- **des médaillons de votre saint patron** pour symboliser votre foi dans le fait que ce saint vous aidera à obtenir ce pour quoi le grigri est fabriqué ;
- **des plumes ou des bouts de tissu colorés** pour intégrer le symbolisme des couleurs, afin de renforcer les influences vibratoires que le grigri contiendra. Référez-vous à la liste des couleurs pour connaître leurs significations vibratoires ;
- **des objets personnels** comme des cheveux, des bouts d'ongles ou encore une photographie de la personne pour laquelle le grigri est fabriqué. N'oubliez pas d'ajouter de tels éléments, car c'est ce qui liera l'énergie contenue dans le grigri à cette personne.

J'ai mentionné précédemment que le grigri devait être enduit d'huile. Naturellement, si votre grigri est conçu à des fins d'amour, utilisez de l'huile d'attraction d'amour ou d'attraction. S'il est confectionné à des fins de réussite, utilisez de l'huile de réussite. S'il est fabriqué à des fins de protection, utilisez de l'huile de protection, et ainsi de suite. Encore une fois, les recettes pour préparer ces huiles seront présentées dans la seconde partie de cet ouvrage.

Lorsque vous enduisez le grigri, appliquez l'huile appropriée sur les contours extérieurs de la pochette. L'onction doit être répétée une fois par semaine. Ainsi, si vous fabriquez un grigri pour une autre personne, il conviendra de lui donner un petit flacon de l'huile et de lui dire quand et comment enduire la pochette. À l'époque de Marie Laveau, il était très courant pour les travailleurs vaudous de vendre à leurs clients les différentes huiles et autres éléments dont ils pouvaient avoir besoin.

C'est d'ailleurs toujours le cas aujourd'hui. L'onction hebdomadaire du grigri se fait toujours le jour où la pochette a été confectionnée. Autrement dit, si vous avez fabriqué votre grigri un jeudi, vous l'enduirez obligatoirement d'huile tous les jeudis.

À présent, rassemblons tous ces éléments, puis fabriquons quelques grigris. N'hésitez pas à apporter des modifications aux rituels pour qu'ils reflètent davantage votre personnalité. Vous pouvez par exemple utiliser vos propres chants ou intégrer des plantes qui sont en harmonie avec vous. C'est votre propre énergie qui instaure le pouvoir derrière le rituel. Plus vous intégrerez une part de vous-même à votre travail, plus ce dernier fonctionnera pour vous. Pour vous expliquer comment fabriquer un grigri, j'utilise mon rituel personnel. Si vous avez connaissance d'un autre rituel de consécration que vous souhaitez privilégier, je vous encourage à vous en servir.

Chanter fait partie du travail rituel. Lorsque vous chantez, utilisez toujours un ton de voix bas. Exercez-vous en utilisant certains des chants présents dans cet ouvrage. Lorsque les mots vibreront dans votre gorge et dans votre tête, vous saurez que vous effectuez le chant correctement.

Certains praticiens aiment avoir à leurs côtés la personne pour laquelle ils fabriquent le grigri lors de sa confection. Vous souhaitez peut-être avoir recours à cette pratique. Le cas échéant, la personne pour laquelle le grigri est fabriqué s'assiéra à droite de l'autel pendant la confection. N'oubliez pas de garder une paire de ciseaux à proximité de l'autel pour couper quelques mèches de cheveux ou les ongles de la personne pour laquelle vous confectionnez le grigri.

PROTÉGER VOTRE MAISON

La maison de toute personne est son château. Toutefois, de nos jours, il est difficile de créer des douves autour de votre maison pour la protéger des intrus et des autres perturbations extérieures, comme on le faisait avec les châteaux anciens. Heureusement, il est toujours possible d'utiliser une protection similaire. Tout ce que vous avez à faire, c'est de développer des qualités de protection dans l'aura purifiée de votre maison. Avant toute chose, je vous suggère de purifier entièrement votre maison afin de la débarrasser de toute vibration négative.

La plupart des praticiens s'accordent à dire que le meilleur moment pour procéder à la purification d'une maison ou d'un immeuble est pendant la phase descendante de la Lune, tandis que la protection doit être effectuée pendant sa phase ascendante.

Pour mettre en place votre protection, vous aurez besoin des éléments suivants :

- **une pochette** en flanelle rouge ou en peau de chamois ;
- **une cuillerée à soupe de potentille** (réputée protéger du mal que peuvent faire cinq doigts) ;
- **une cuillerée à soupe de feuilles de laurier en poudre** ;
- **une grosse gousse d'ail ;**
- **un morceau de racine de mandragore** ;
- **un petit morceau de fer** (symbolisant la force dans votre protection).

Tous ces éléments seront introduits dans le grigri. Pour mener à bien votre rituel, vous aurez également besoin de ce qui suit :

- **deux bougies blanches ;**
- **une bougie noire** (pour représenter l'influence de Saturne sur les maisons, les immeubles, etc.) ;
- **un flacon d'huile de protection ;**
- **un flacon d'huile de bénédiction ;**
- **de l'encens de cercle de protection ;**

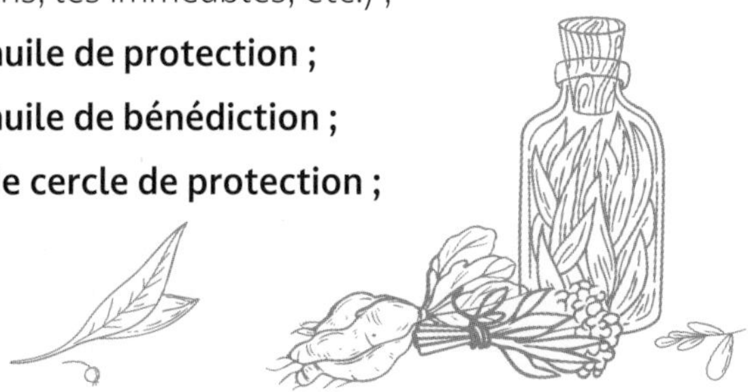

LA DISPOSITION DE VOTRE AUTEL SERA LA SUIVANTE :

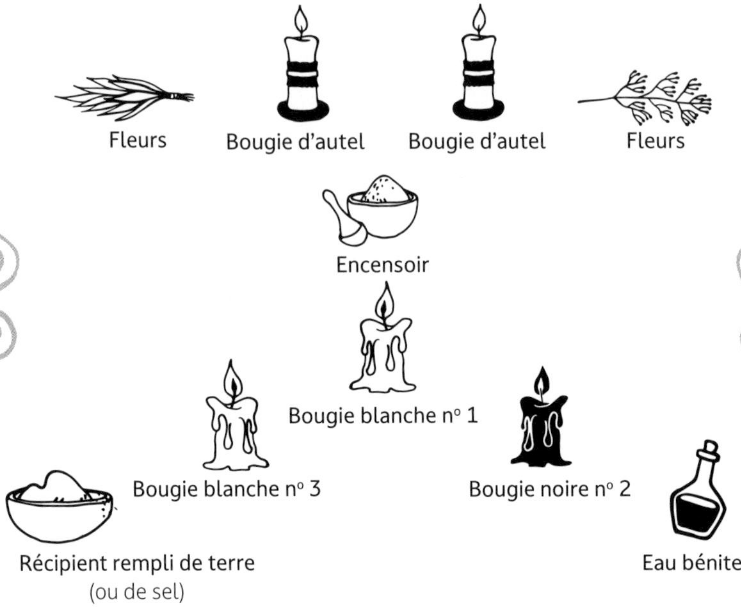

Enduisez la bougie blanche n° 1 d'huile de bénédiction.
Enduisez la bougie noire n° 2 d'huile de bénédiction.
Enduisez la bougie blanche n° 3 d'huile de protection.

1. Suivez les étapes 1 à 5 présentées dans la partie « Avant le rituel » (page 17). La bougie aux herbes pour le développement psychique et spirituel doit être placée au-dessus de l'eau bénite.
2. Allumez la bougie blanche n° 1 tout en affirmant ce qui suit :

Ici, j'allume la bougie qui
symbolisera le désir sincère de
(nom de la personne) que sa maison
soit une forteresse,
tenant à l'écart les intrus
et les mauvaises influences.

3. Allumez la bougie noire n° 2 tout en affirmant ce qui suit :

L'influence de Saturne s'éloigne à présent,
pour bénir ce grigri à tout instant.
Une protection de pouvoir est prononcée,
protégeant cette maison là où elle est.

4. Allumez la bougie blanche n° 3 tout en affirmant ce qui suit :

Énergie blanche, énergie qui luit,
renforçant le charme que je crée cette nuit.
Ton énergie est une puissante protection,
car mon charme est fait avec affection.

5. Commencez à remplir le grigri tout en chantant ce qui suit :

Potentille,
tes pouvoirs toujours brillent
pour protéger des méfaits
qu'une main commet.
Ta force est décuplée
par l'ail, la racine de mandragore et
les feuilles de laurier
à tes côtés.
Forte comme le fer tu seras
dans la maison où ton énergie tu donneras.

Poursuivez votre chant jusqu'à ce que la pochette soit remplie. Cousez ou nouez la pochette pour éviter que son contenu ne se déverse.

6. Enduisez le grigri d'huile de protection et posez-le au centre du triangle formé par les bougies. Placez vos deux mains au-dessus de la pochette, les paumes vers le bas, tout en chantant ce qui suit :

Grigri travaillant avec énergie,
toute la journée et toute la nuit.
Protège la maison où tu es,
Tiens à distance tout mal et tout méfait.
Une puissante protection tu seras,
pour la maison qui te gardera.
Et ainsi aucun mal ne peut pénétrer,
entre les murs où ton énergie s'est imprégnée.

Répétez ce chant trois, cinq, sept ou neuf fois tout en insufflant une énergie protectrice dans le grigri. Laissez la pochette dans le triangle formé par les bougies allumées tandis que vous effectuez l'étape suivante.

7. Versez un peu plus d'encens de cercle de protection dans votre encensoir et encensez tous les murs qui définissent les limites extérieures de votre maison ou de votre appartement tout en chantant ce qui suit :

Ces murs ont peut-être leur propre aura,
mais cet encens à donner le ton contribuera.
Un puissant bouclier de protection tu seras,
empêchant le mal de s'approcher de toi.
Ton énergie travaille à chasser ce que tu vois,
les voleurs, les meurtriers, et le mal qui viendra.
Garde tes occupants en sécurité et à l'abri
des dangers extérieurs de ce monde-ci.

Si vous vivez dans un logement privé, il convient d'encenser les murs extérieurs de votre foyer tout en chantant l'incantation. Bien sûr, si vous vivez en appartement, il se peut que vous ne puissiez pas le faire. Dans ce cas, vous pouvez n'encenser que la zone autour de votre porte d'entrée.

8. Revenez à votre autel afin de consacrer votre grigri. Aspergez d'eau bénite ses deux faces tout en affirmant ce qui suit :

Avec l'eau, je consacre ce charme
qui offrira une aura protectrice aux murs
de la maison dans laquelle il se trouve.

Versez de la terre (ou du sel) sur les deux faces du grigri tout en affirmant ce qui suit :

Avec la terre, je consacre ce charme
qui offrira une aura protectrice aux murs
de la maison dans laquelle il se trouve.

Faites passer les deux faces du grigri à travers les flammes des deux bougies blanches et de la bougie noire tout en affirmant ce qui suit :

Avec le feu, je consacre ce charme
qui offrira une aura protectrice aux murs
de la maison dans laquelle il se trouve.

Faites passer les deux faces du grigri à travers la fumée d'encens tout en affirmant ce qui suit :

Avec l'air, je consacre ce charme
qui offrira une aura protectrice aux murs
de la maison dans laquelle il se trouve.

9. Éteignez vos bougies dans l'ordre inverse où vous les avez allumées. Accrochez votre grigri de protection au-dessus de votre porte d'entrée.
10. Mettez fin au rituel en rendant grâce pour la protection dont vous bénéficierez.

Remarque : lorsque des personnes négatives vous rendent visite (par exemple des personnes ayant un regard négatif sur la vie, étant pleines de préjugés, etc.), il est recommandé de faire ce qui suit dès qu'elles s'en vont : prenez une poignée de sel de mer béni et jetez-le devant votre porte d'entrée, puis répandez sur vos murs et sur vos sols du thé préparé avec des feuilles de laurier.

PROTÉGER DES ACCIDENTS ET DES DANGERS

Vous aurez besoin des éléments suivants :

- une pochette en flanelle rouge ou en peau de chamois ;
- un objet appartenant à la personne qui portera le charme ;
- de l'églantier ;
- de la bruyère ;
- de la consoude ;
- de la potentille ;
- de la molène ;
- du santal ;
- deux petites magnétites.

Tous ces éléments seront placés dans la pochette. Chaque magnétite compte pour un élément. **En plus des outils habituels de votre autel, vous aurez besoin de ce qui suit :**

- un flacon d'huile de gardénia ou de jasmin ;
- une bougie blanche ;
- une bougie rouge ;
- une bougie bleu clair.

Les trois bougies mentionnées ci-dessus seront placées de manière à former un triangle, avec l'une d'entre elles représentant le sommet de ce triangle et posée au centre de l'autel.

LA DISPOSITION DE L'AUTEL SERA LA SUIVANTE :

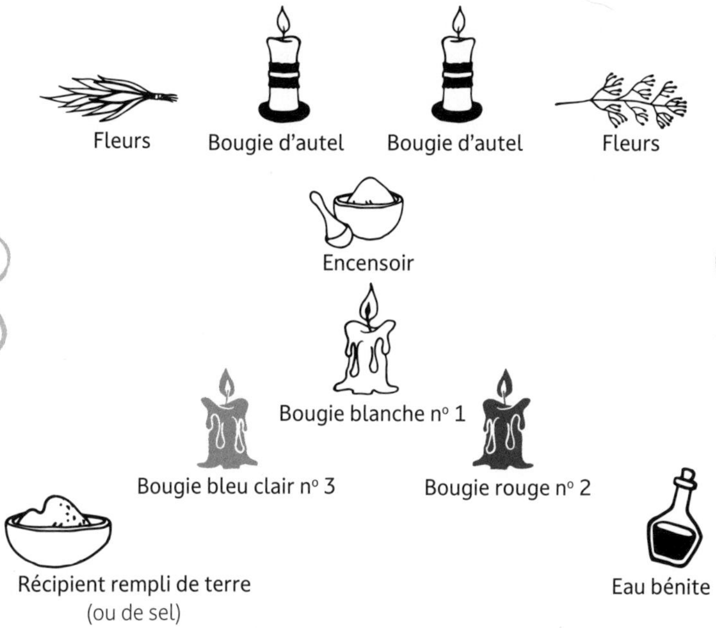

Enduisez la bougie blanche n° 1 d'huile de bénédiction.
Enduisez la bougie rouge n° 2 d'huile de bénédiction.
Enduisez la bougie bleu clair n° 3 d'huile de protection.

6. Suivez les étapes 1 à 5 présentées dans la partie « Avant le rituel ». La bougie aux herbes pour le développement psychique et spirituel doit être placée au-dessus de l'eau bénite.
7. Allumez la bougie blanche n° 1 tout en affirmant ce qui suit :

Que cette lumière symbolise
la conviction sincère que ce grigri
inondera l'aura de (nom de la personne)
avec une qualité protectrice
contre les accidents et les dangers.

8. Allumez la bougie rouge nº 2 tout en affirmant ce qui suit :

L'influence de Mars
accorde sa bénédiction ici,
pour protéger cette personne
des proches ennemis.

9. Allumez la bougie bleu clair nº 3 tout en affirmant ce qui suit :

Protection souhaitée,
protection désirée.
Ce flux d'énergie sillonne,
avec les plantes que nous mettons,
notre charme de protection,
contre le mal d'une personne.

10. Commencez à remplir votre grigri tout en chantant ce qui suit :

Églantier, bruyère, consoude ; voyez
que des qualités protectrices sont à vos côtés.
Potentille, molène également,
offrent de l'aide, de la protection réellement.
Le santal et les magnétites ici,
apportent un pouvoir protecteur dans votre vie.

Poursuivez votre chant jusqu'à ce que la pochette soit remplie, puis cousez ou nouez l'ouverture du grigri pour éviter que son contenu ne se déverse.

11. Enduisez le grigri d'huile de gardénia ou de jasmin et posez-le au centre du triangle. Placez vos deux mains au-dessus de la pochette, les paumes vers le bas, tout en chantant ce qui suit :

Charme de protection que je crée,
tu feras le nécessaire, je le sais.

À cette personne et à son aura,
ton énergie de protection tu donneras.
Protège-la du mal de la bête ou de l'humanité,
et du moindre accident rencontré.
Une aura pure, blanche et éclatante
fait fuir tout le mal qui se présente.
Protège-la du mal de la bête ou de l'humanité,
et du moindre accident rencontré.

Répétez ce chant trois, cinq, sept ou neuf fois.

12. Commencez à consacrer votre grigri. Aspergez d'eau bénite ses deux faces tout en affirmant ce qui suit :

Avec l'eau je consacre ce charme,
un réservoir d'énergie pour protéger son porteur
des accidents et du mal.

Versez de la terre (ou du sel) sur les deux faces du grigri tout en affirmant ce qui suit :

Avec la terre je consacre ce charme,
un réservoir d'énergie pour protéger son porteur
des accidents et du mal.

13. Faites passer les deux faces du grigri à travers les flammes des bougies blanche, rouge et bleu clair tout en affirmant ce qui suit :

Avec le feu je consacre ce charme,
un réservoir d'énergie pour protéger son porteur
des accidents et du mal.

Faites passer les deux faces du grigri à travers la fumée d'encens tout en affirmant ce qui suit :

Avec l'air je consacre ce charme,
un réservoir d'énergie pour protéger son porteur
des accidents et du mal.

14. Reposez le grigri au centre du triangle, puis laissez les bougies se consumer jusqu'à l'heure suivante. Éteignez les bougies dans l'ordre inverse où vous les avez allumées. Mettez fin au rituel.

METTRE FIN AUX COMMÉRAGES

Vous aurez besoin des éléments suivants :

- une pochette en flanelle rouge ou en peau de chamois ;
- un bout de tissu sur lequel vous aurez dessiné à l'encre un visage humain ;
- une mèche de cheveux ou un bout de vêtement appartenant à la personne qui portera le grigri ;
- un morceau de racine de John le Conquérant ;
- une cuillerée à soupe d'orme rouge ;
- une demi-cuillerée à café de gagée ;
- une aiguille et du fil noir.

Tous ces éléments seront placés dans la pochette. Vous aurez également besoin de ce qui suit :

- deux bougies blanches ;
- une bougie rouge ;
- de l'encens léger pour grigri.

Les trois bougies mentionnées ci-dessus seront placées au centre de l'autel de façon à former un triangle, l'une d'entre elles en représentant le sommet.

LA DISPOSITION DE L'AUTEL SERA LA SUIVANTE :

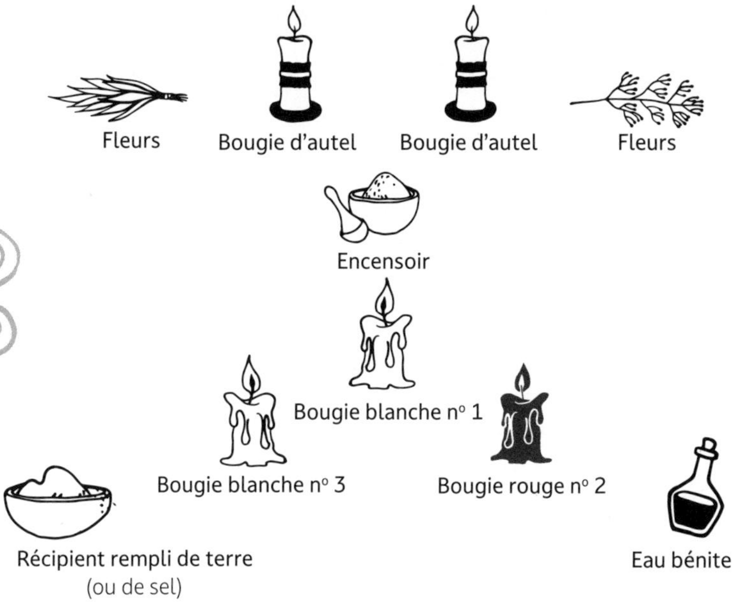

Enduisez la bougie blanche nº 1 d'huile de bénédiction.
Enduisez la bougie rouge nº 2 d'huile de réussite.
Enduisez la bougie blanche nº 3 d'huile de pouvoir.

1. Suivez les étapes 1 à 5 présentées dans la partie « Avant le rituel ». La bougie aux herbes pour le développement psychique et spirituel doit être placée au-dessus de l'eau bénite.
2. Prenez l'aiguille et le fil noir et commencez à coudre la bouche du visage que vous avez dessiné sur le bout de tissu de façon à la fermer. Ici, la couleur noire est utilisée pour symboliser le fait que vous mettez fin aux rumeurs vicieuses et aux commérages. Il ne s'agit en aucun cas de faire du mal ou de causer du tort à qui que ce soit. Pendant que vous cousez, chantez ce qui suit :

La bouche que je ferme désormais
scelle rapidement les bouches malintentionnées.

Elles ne provoquent plus jamais de désarroi et de difficultés,
et ne sont plus jamais capables de blesser.

3. Allumez la bougie blanche n° 1 tout en affirmant ce qui suit :

Le feu de la vérité et de la sincérité brûle.
La foi de (nom de la personne) en ce charme
ne changera jamais,
car sa foi est véritable et immuable.

4. Allumez la bougie rouge n° 2 tout en affirmant ce qui suit :

Ainsi arrive aujourd'hui une bénédiction,
une influence de Mars dira-t-on,
pour renverser les futurs rivaux
qui cherchent à nuire par des ragots.

5. Allumez la bougie blanche n° 3 tout en affirmant ce qui suit :

Entrent ici la justice et la vérité,
des qualités auxquelles beaucoup sont attachés.
Pour contrecarrer les nombreuses tromperies
dans les esprits où résident les rumeurs et la calomnie.

6. Placez l'image dont vous avez cousu la bouche dans votre grigri et remplissez ce dernier des autres éléments. Si vous le souhaitez, vous pouvez nouer l'objet de la personne (qu'il s'agisse d'une mèche de cheveux ou d'un bout de vêtement) à la racine de John le Conquérant avant de le mettre dans la pochette. Tout en remplissant le grigri, chantez ce qui suit :

Des ennemis qui disparaissent vous verrez,
Johnny le Conquérant étant à vos côtés.
L'orme rouge et la gagée

aident à faire taire les bouches malintentionnées.
Plus aucun commérage ne peut vous blesser ;
à partir de ce jour, vous le constaterez.

Éteignez les bougies dans l'ordre inverse où vous les avez allumées. Mettez fin au rituel.

Remarque : si vous le souhaitez, vous pouvez donner des conseils à la personne pour laquelle vous avez fabriqué le grigri. Il peut s'agir de paroles encourageantes et utiles, comme « Alors que tu portes ce charme, vis ta vie avec honnêteté, en faisant attention aux autres et en te souciant d'eux. Fais toutefois preuve de sagesse et ne te mêle pas des affaires des autres, et ne trahis pas ta parole une fois que tu l'as donnée. » Vous pouvez le faire pour n'importe quel grigri que vous avez confectionné pour une autre personne, en donnant tout simplement des conseils en ce qui concerne la nature du grigri en question.

RESTER EN BONNE SANTÉ

Pour confectionner ce grigri, vous aurez besoin des éléments suivants :

- une pochette en flanelle rouge ou en peau de chamois ;
- un objet appartenant à la personne qui portera le grigri ;
- du romarin ;
- de l'œillet ;
- de l'eucalyptus ;
- de l'herbe du tigre ;
- un flacon d'huile d'attraction de santé ;
- une bougie blanche ;
- une bougie rouge ;
- une bougie violette.
- Les cinq premiers ingrédients seront placés dans le grigri.

LA DISPOSITION DE L'AUTEL SERA LA SUIVANTE :

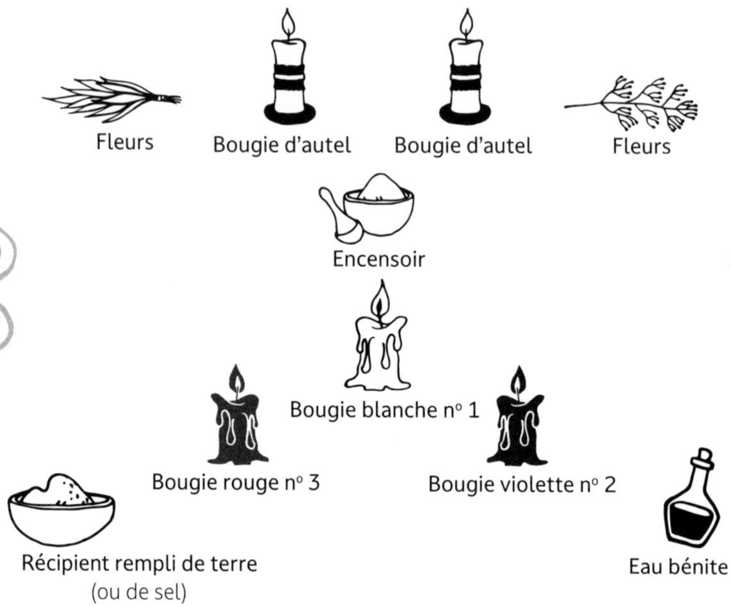

Enduisez la bougie blanche d'huile de bénédiction.
Enduisez la bougie violette d'huile de bénédiction.
Enduisez la bougie rouge d'huile d'attraction de santé.

1. Suivez les étapes 1 à 5 présentées dans la partie « Avant le rituel ». La bougie aux herbes pour le développement psychique et spirituel doit être placée au-dessus de l'eau bénite.
2. Allumez la bougie blanche n° 1 tout en affirmant ce qui suit :

Cette flamme brûle pour symboliser
la sincère conviction que (nom de la personne)
peut avoir et conserver une bonne santé.
Par cette conviction, le désir sera réalisé.

3. Allumez la bougie violette n° 2 tout en affirmant ce qui suit :

Mercure, depuis l'aube de l'humanité,
tu influences les questions de santé.
En ce jour nous recherchons ta bénédiction,
alors que l'énergie de guérison est envoyée dans cette direction.

4. Allumez la bougie rouge n° 3 tout en affirmant ce qui suit :

Une énergie positive
qui sera vive
et qui restaurera la santé et la force, vous verrez,
est capturée dans ce charme créé.

5. Commencez à mettre les éléments dans la pochette tout en chantant ce qui suit :

Romarin, on parle de ton pouvoir
comme d'un souvenir à garder en mémoire.
L'eucalyptus œuvre désormais,
contre le froid qui tente de nous attraper.
Herbe de tigre et œillet
aident à maintenir une bonne santé.

6. Une fois que la pochette est remplie, cousez ou nouez l'ouverture de celle-ci pour éviter que son contenu ne se déverse. Enduisez le grigri d'huile d'attraction de santé et posez-le au centre du triangle de bougies allumées. Placez vos deux mains au-dessus du charme, les paumes vers le bas, et souhaitez que votre énergie circule tout en chantant ce qui suit :

Même si vous n'avez pas d'argent,
vous êtes opulent,
car vous avez désormais
une excellente santé.
Vous aurez et vous garderez

pour l'éternité
la vigueur et la solidité
que vous possédez.
Même si vous n'avez pas d'argent,
vous êtes opulent,
car vous avez désormais
une excellente santé.

Répétez ce chant trois, cinq, sept ou neuf fois.

7. Une fois que vous sentez que vous avez donné suffisamment d'énergie au grigri, consacrez-le en aspergeant ses deux faces d'eau bénite, tout en affirmant ce qui suit :

Avec l'eau je consacre ce charme,
un réservoir d'énergie destiné
à maintenir une bonne santé.

Versez de la terre (ou du sel) sur les deux faces du charme tout en affirmant ce qui suit :

Avec la terre je consacre ce charme,
un réservoir d'énergie destiné
à maintenir une bonne santé.

Faites passer les deux faces du grigri à travers les flammes des bougies tout en affirmant ce qui suit :

Avec le feu je consacre ce charme,
un réservoir d'énergie destiné
à maintenir une bonne santé.

Faites passer les deux faces du charme à travers la fumée d'encens tout en affirmant ce qui suit :

Avec l'air je consacre ce charme,
un réservoir d'énergie destiné
à maintenir une bonne santé.

8. Reposez le grigri au centre du triangle, puis laissez les bougies se consumer jusqu'à l'heure suivante. Éteignez les bougies dans l'ordre inverse où vous les avez allumées. Mettez fin au rituel.

INTENSIFIER UN AMOUR

Vous aurez besoin des éléments suivants :

- une pochette en flanelle rouge ou en peau de chamois ;
- deux magnétites ;
- un petit morceau de racine d'iris ;
- une cuillerée à café de passiflore ;
- une cuillerée à café de poudre d'attraction d'amour ;
- un béryl ;
- une cuillerée à café de verveine ;
- une cuillerée à café de lavande ;
- un objet appartenant à la personne à qui est destiné le grigri.

Tous ces éléments doivent être placés dans le grigri. Chaque magnétite compte pour un élément, ce qui nous donne neuf éléments distincts utilisés dans le charme. En plus des outils habituels de votre autel, vous aurez besoin de ce qui suit :

- une bougie banche ;
- une bougie rose ;
- une bougie verte ;
- un flacon d'huile d'attraction d'amour ;
- de l'encens d'attraction d'amour.

Les trois bougies mentionnées ci-dessus seront placées de façon à former un triangle. Tous les éléments utilisés pour fabriquer le grigri seront placés au centre de ce triangle.

LA DISPOSITION DE L'AUTEL POUR CE RITUEL SERA LA SUIVANTE :

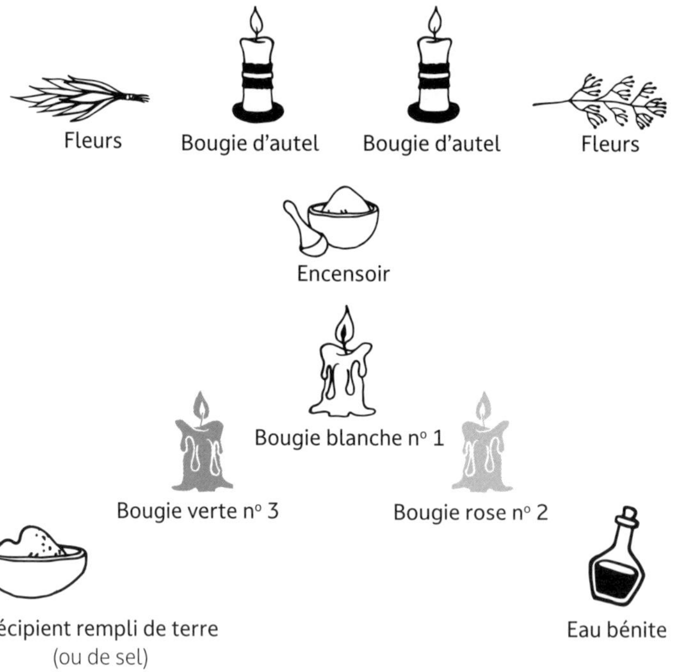

Enduisez la bougie blanche d'huile de bénédiction.
Enduisez la bougie rose d'huile d'attraction d'amour.
Enduisez la bougie verte d'huile de bénédiction.

1. Allumez la bougie blanche tout en affirmant ce qui suit :

Ici, j'allume la bougie
qui symbolise la sincérité et la conviction infinies

que (nom de la personne) a dans son âme, son corps et son esprit.
Cette conviction sincère est que ce grigri
lui permettra d'avoir plus d'amour dès aujourd'hui.

2. Allumez la bougie rose tout en affirmant ce qui suit :

Dans cette bougie est symbolisée
la qualité d'amour dont ce charme sera imprégné.
Alors que cette bougie brûle, cet amour est renforcé.
Alors que l'amour est donné, il sera retourné.

3. Allumez la bougie verte tout en affirmant ce qui suit :

L'influence de Vénus est symbolisée ici.
Cette bougie brûle, offrant une force accrue,
un flux constant d'énergie,
pour permettre de dynamiser en continu
pour son porteur, ce grigri.

4. Commencez à remplir le grigri en chantant ce qui suit :

Magnétites, racine d'iris, passiflore,
et poudre d'amour,
attirez l'amour à cette heure,
ce que je sais que vous pouvez faire.
Pierre appelée béryl, lavande,
et verveine aussi,
m'aident dans le travail que j'effectue,
intensifiant l'amour qui est véritable.

Poursuivez votre chant jusqu'à ce que la pochette soit remplie, puis cousez ou nouez l'ouverture de celle-ci pour éviter que son contenu ne se déverse.

5. Enduisez le grigri d'huile d'attraction d'amour et posez-le au centre du triangle. Mettez vos deux mains au-dessus du grigri, les paumes vers le bas, tout en chantant ce qui suit :

Charme d'amour, par mes soins construit,
et rempli d'énergie,
pour apporter ce qui est bien,
pour apporter de l'amour comme il convient.
Chaque jour, ce charme est mis,
et son pouvoir d'amour chaleureux est ressenti.
Ce pouvoir gagne en force chaque jour,
apportant à son porteur de l'amour.

Répétez ce chant trois, cinq, sept ou neuf fois, jusqu'à ce que vous sentiez que le grigri est suffisamment imprégné d'énergie.

6. Vient ensuite la consécration du grigri. Aspergez ses deux faces d'eau bénite tout en prononçant ce qui suit :

Avec l'eau je consacre ce charme,
instrument pour donner naissance à l'amour.

Versez de la terre sur les deux faces du grigri tout en prononçant ce qui suit :

Avec la terre je consacre ce charme,
instrument pour apporter de l'amour à son porteur.

Faites passer les deux faces du grigri à travers les flammes des bougies blanche, rose et verte, tout en prononçant ce qui suit :

Avec le feu je consacre ce charme,
instrument pour donner naissance à l'amour.

Faites passer les deux faces du grigri à travers la fumée d'encens tout en prononçant ce qui suit :

Avec l'air je consacre ce charme,
instrument pour apporter de l'amour à son porteur.

7. Reposez le grigri au centre du triangle, puis laissez les bougies se consumer jusqu'à l'heure suivante. Éteignez les bougies dans l'ordre inverse où vous les avez allumées.
8. Mettez fin au rituel.

GAGNER L'AMOUR D'AUTRUI

Étant donné que ce rituel est conçu pour un amour à la fois émotionnel et physique, il est bon d'utiliser des herbes associées à l'amour et à la passion.

Vous aurez besoin des éléments suivants :

- une pochette en flanelle rouge ou en peau de chamois ;
- un objet appartenant aux deux personnes à qui le grigri est destiné ;
- un symbole, comme un cœur en cire rouge, sur lequel vous pouvez accrocher les objets appartenant aux deux personnes concernées ;
- une cuillerée à café de baies de cubèbe ;
- un petit morceau de racine d'iris ;
- une cuillerée à café de jatamansi ;
- une cuillerée à café de clous de girofle ;
- une cuillerée à café de damiana ;
- une cuillerée à café de baies de genévrier.

Tous ces éléments seront placés dans le grigri. Encore une fois, nous utiliserons neuf éléments différents pour ce rituel. En plus des outils habituels de votre autel, vous aurez besoin de ce qui suit :

- une bougie blanche ;
- une bougie rouge ;

- une bougie verte ;
- un flacon d'huile d'attraction d'amour ou d'huile de séduction ;
- de l'encens d'attraction d'amour ;
- un flacon d'huile de bénédiction.

LA DISPOSITION DE L'AUTEL SERA LA SUIVANTE :

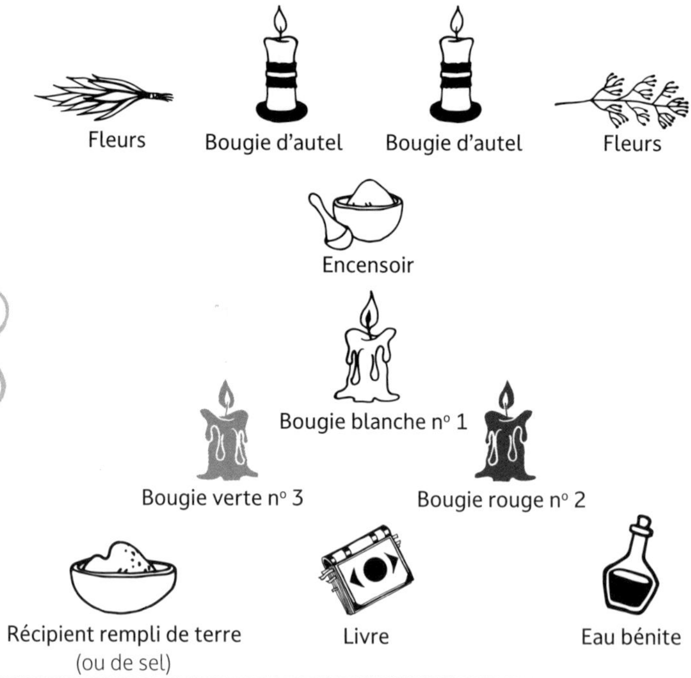

Enduisez la bougie blanche d'huile de bénédiction.

Enduisez la bougie rouge d'huile d'attraction d'amour ou d'huile de séduction.

Enduisez la bougie verte d'huile de bénédiction.

1. Allumez la bougie blanche tout en affirmant ce qui suit :

Ici, j'allume la bougie
qui symbolise la sincérité et la conviction infinies
que (nom de la personne) a dans son âme, son corps et son esprit.
C'est une conviction toujours croissante
qui l'aidera à gagner l'amour de (nom de la personne).

2. Allumez la bougie rouge tout en affirmant ce qui suit :

Le feu de l'amour se trouve ici
et rapproche aujourd'hui un être d'autrui.
Instillant maintenant dans ces cœurs de l'amour,
ce charme gagne en pouvoir chaque jour.

3. Allumez la bougie verte tout en affirmant ce qui suit :

Vénus, brille avec éclat en ce jour
et plante ainsi les graines de l'amour
dans les cœurs de ces deux individus.
Aide-moi dans le travail que j'effectue.

4. Remplissez la pochette avec les divers éléments tout en chantant ce qui suit :

Baies de cubèbe, racine d'iris, jatamansi également,
créez entre ces deux personnes un attachement,
un amour bleu véritablement.
Clous de girofle, damiana, baies de genévrier,
attirez, titillez et suscitez
cet amour qui est destiné.

Continuez de chanter en remplissant le grigri, puis cousez ou nouez l'ouverture de celui-ci pour éviter que son contenu ne se déverse.

5. Enduisez le grigri d'huile d'attraction d'amour ou d'huile de séduction. Posez le grigri au centre du triangle et mettez vos deux

mains au-dessus de la pochette, les paumes vers le bas, tout en chantant ce qui suit :

Grigri pour moi œuvrant,
une énergie d'amour créant.
En unissant en un seul ces deux cœurs,
un amour grandissant commence à cette heure.
Attire, titille et suscite
un amour destiné qui crépite.
Satisfais le désir intérieur,
alors que débute cette histoire de cœur.

Répétez ce chant trois, cinq, sept ou neuf fois, jusqu'à ce que vous sentiez que le charme est imprégné de suffisamment de pouvoir.

6. Consacrez la pochette. Aspergez d'eau bénite les deux faces du grigri tout en affirmant ce qui suit :

Avec l'eau je consacre ce grigri,
instrument inspirant l'amour.

Versez de la terre sur les deux faces du grigri tout en affirmant ce qui suit :

Avec la terre je consacre ce charme,
instrument inspirant l'amour.

Faites passer les deux faces du grigri à travers les flammes des bougies blanche, rouge et verte tout en affirmant ce qui suit :

Avec le feu je consacre ce grigri,
instrument inspirant l'amour.

Faites passer les deux faces du grigri à travers la fumée d'encens tout en affirmant ce qui suit :

Avec l'air je consacre ce charme,
instrument inspirant l'amour.

7. Reposez le grigri au centre du triangle. Laissez les bougies se consumer jusqu'à l'heure suivante. Éteignez-les dans l'ordre inverse où vous les avez allumées.
8. Mettez fin au rituel.

SÉDUIRE DAVANTAGE

Si vous souhaitez attirer des femmes, vous aurez besoin d'un objet pour symboliser le vagin (une pierre ou un caillou avec un trou naturel à l'intérieur, par exemple). Si vous aspirez à séduire des hommes, vous aurez besoin d'un objet pour représenter le pénis (comme des coquillages ronds et oblongs trouvés sur la plage). Bien sûr, il convient d'adapter les paroles du rituel pour le faire correspondre à votre désir. Ce rituel est conçu pour augmenter vos propres rencontres sexuelles.

Vous aurez besoin des éléments suivants :

- une pochette en flanelle rouge ou en peau de chamois ;
- un objet vous appartenant ;
- un petit bout de tissu rouge ou une plume rouge ;
- une cuillerée à café de sanicle du Canada ;
- une cuillerée à café de damiana ;
- une cuillerée à café de graines d'aneth.

Tous ces éléments seront placés dans la pochette. Dans ce rituel, nous utiliserons cinq éléments. En plus des outils habituels de votre autel, vous aurez besoin de ce qui suit :

- une bougie blanche ;
- une bougie rouge ;
- une bougie verte ;
- un flacon d'huile de séduction ;

- **de l'encens d'attraction d'amour ;**
- **un flacon d'huile de bénédiction.**

Remarque : l'autel sera organisé de la même manière que pour la confection du grigri pour gagner l'amour d'autrui. Étant donné que vous utiliserez les mêmes bougies dans ce rituel, référez-vous à la disposition de l'autel page 54.

Enduisez la bougie blanche d'huile de bénédiction.
Enduisez la bougie rouge d'huile de séduction.
Enduisez la bougie verte d'huile de bénédiction.

1. Allumez la bougie blanche tout en affirmant ce qui suit :

Sont symbolisées ici
la sincérité et la foi croissante
que j'ai dans ce grigri
pour lui apporter une aura séduisante et puissante.

2. Allumez la bougie rouge tout en affirmant ce qui suit :

Ici se trouve une énergie souhaitée,
une sexualité augmentée.
Vous séduisez, tous diront,
car cette énergie vient dans votre direction.

3. Allumez la bougie verte tout en affirmant ce qui suit :

Vénus a une influence ici,
pour bénir ce charme tant chéri.
Un flux constant d'énergie,
un pouvoir de séduction élargi.

4. Commencez à remplir le grigri en chantant ce qui suit :

Sanicle du Canada,
œuvre pour moi.
Graines d'aneth et damiana,
aidez-moi comme il se doit.
Rouge est la couleur
du désir œuvrant en cette heure.
Il augmente mon pouvoir d'attraction
car je séduis, tous le verront.

5. Enduisez le grigri d'huile de séduction. Posez-le au centre du triangle. Mettez vos deux mains au-dessus de la pochette, les paumes vers le bas, tout en chantant ce qui suit :

Le pouvoir de séduction œuvre à mes côtés,
augmentant et s'intensifiant constamment.
Il incite les autres à me désirer,
et dans mes bras ils atterrissent aisément.
Une nuit de sexe, une nuit de félicité,
car ils se languissent de m'embrasser.
Et ils partent avec un sourire,
impatients de revenir.

Répétez ce chant trois, cinq, sept ou neuf fois jusqu'à ce que vous sentiez que le grigri a absorbé suffisamment d'énergie.

6. Consacrez le grigri. Aspergez d'eau bénite ses deux faces tout en affirmant ce qui suit :

Avec l'eau je consacre ce charme,
instrument aidant son porteur à séduire.

Versez de la terre sur les deux faces du grigri tout en affirmant ce qui suit :

Avec la terre je consacre ce charme,
instrument aidant son porteur à séduire.

Faites passer le grigri à travers les flammes des bougies blanche, rouge et verte tout en affirmant ce qui suit :

Avec le feu je consacre ce charme,
instrument aidant son porteur à séduire.

Faites passer le grigri à travers la fumée d'encens tout en affirmant ce qui suit :

Avec l'air je consacre ce charme,
instrument aidant son porteur à séduire.

7. Reposez le grigri au centre du triangle. Laissez les bougies se consumer jusqu'à l'heure suivante. Éteignez-les dans l'ordre inverse où vous les avez allumées.
8. Mettez fin au rituel.

Remarque : dans ce type de rituels, il n'est pas rare d'utiliser des ingrédients personnels, tels que du sperme pour un homme et du sang menstruel pour une femme.

GAGNER DE L'ARGENT

Vous aurez besoin des éléments suivants :

- une pochette en flanelle rouge ou en peau de chamois ;
- une pièce de monnaie (factice ou véritable) ;
- deux petites magnétites ;
- un marron ;
- une cuillerée à soupe de potentille ;
- une cuillerée à café de poudre d'attraction d'argent ;

- une cuillerée à café de potentille ansérine.

Tous ces éléments doivent être placés dans le grigri. Dans ce rituel, nous travaillerons avec sept éléments différents.

Vous aurez également besoin de ce qui suit :

- un flacon d'huile d'attraction d'argent ;
- une bougie blanche ;
- une bougie jaune (l'influence du Soleil étant utilisée dans ce rituel) ;
- une bougie verte ;
- de l'encens de pluie d'or.

LA DISPOSITION DE L'AUTEL SERA LA SUIVANTE :

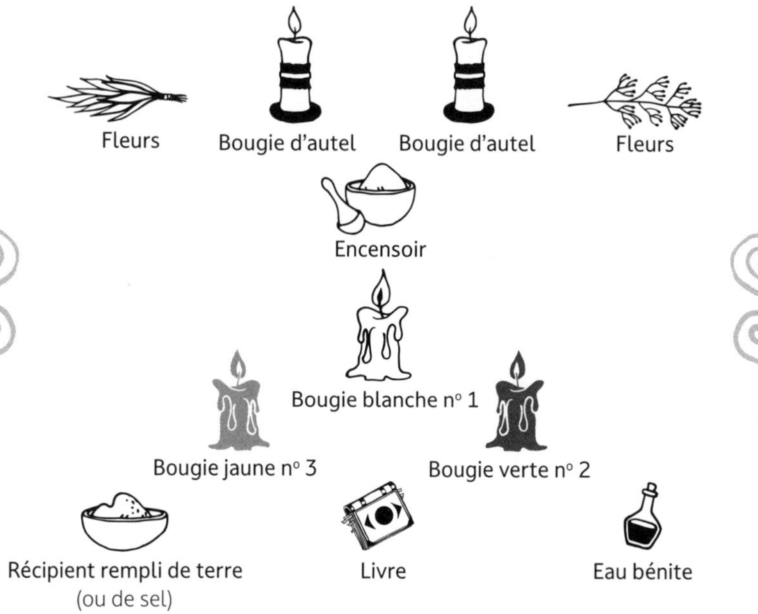

Enduisez la bougie blanche d'huile de bénédiction.

Enduisez la bougie verte d'huile d'attraction d'argent.

Enduisez la bougie jaune d'huile de bénédiction.

1. Allumez la bougie blanche tout en affirmant ce qui suit :

Cette bougie symbolise la sincérité
et la conviction croissante de (nom de la personne)
que ce grigri l'aidera
à obtenir de l'argent dans sa vie.

2. Allumez la bougie verte tout en affirmant ce qui suit :

Ici se trouve l'argent qui est mérité,
arrivant alors que mes paroles sont écoutées.
Vous verrez un flux d'argent sans fin
qui s'écoulera dans ses mains.

3. Allumez la bougie jaune tout en affirmant ce qui suit :

Du Soleil vient une force ajoutée,
alors que ce travail a commencé,
pour préparer ce charme de finances,
offrant une énergie avec constance.

4. Commencez à remplir le grigri avec les éléments tout en chantant ce qui suit :

Les magnétites attirent vers moi
l'argent que je vois.
La potentille et le marron
m'offrent des aides qui dureront.
La poudre d'attraction d'argent
et la potentille ansérine
m'apportent l'argent
dont j'ai besoin.

Poursuivez votre chant jusqu'à ce que la pochette soit remplie et cousez ou nouez son ouverture pour éviter que son contenu ne se déverse.

5. Enduisez le grigri d'huile d'attraction d'argent. Reposez-le au centre du triangle, puis mettez vos deux mains au-dessus de la pochette, les paumes vers le bas, tout en chantant ce qui suit :

De l'argent venant directement à moi
dans mes mains se trouvera.
Je ne conserve aucun souci financier,
mes besoins étant satisfaits à jamais.
Il œuvre pour moi, mon charme d'argent,
pour m'en apporter constamment.
Mes besoins financiers seront comblés,
à partir de ce jour, comme je l'ai souhaité.

Répétez ce chant trois, cinq, sept ou neuf fois jusqu'à ce que vous sentiez que le grigri est rempli de suffisamment d'énergie.

6. Consacrez le grigri. Aspergez d'eau bénite ses deux faces tout en affirmant ce qui suit :

Avec l'eau je consacre ce charme,
instrument pour attirer continuellement l'argent.

Versez de la terre sur les deux faces du grigri tout en affirmant ce qui suit :

Avec la terre je consacre ce charme,
instrument pour attirer continuellement l'argent.

Faites passer les deux faces du grigri à travers les flammes des bougies blanche, verte et jaune tout en affirmant ce qui suit :

Avec le feu je consacre ce charme,
instrument pour attirer continuellement l'argent.

Faites passer les deux faces du grigri à travers la fumée d'encens tout en affirmant ce qui suit :

Avec l'air je consacre ce charme,
instrument pour attirer continuellement l'argent.

7. Posez le grigri au centre du triangle. Laissez les bougies se consumer jusqu'à l'heure suivante. Éteignez les bougies dans l'ordre inverse où vous les avez allumées.

8. Mettez fin au rituel.

APRÈS LE RITUEL

Une fois les bougies éteintes, vous pourrez donner le grigri à la personne à qui il est destiné pour qu'elle puisse le porter. L'énergie contenue dans le grigri est la plus forte lorsqu'il est porté près de la peau. Si vous souhaitez fabriquer un grigri qui aura une influence sur quelqu'un d'autre, par exemple pour préserver la fidélité d'un ou d'une partenaire, et que vous ne souhaitez pas que cette personne soit au courant (ce qui est préférable dans ce cas), ce n'est pas un problème. Cachez simplement le grigri sous un coussin ou derrière une chaise que la personne utilise habituellement, sous son côté du matelas ou encore derrière la tête de lit, du côté où elle dort. Vous pouvez également placer le grigri sous les marches de l'entrée par laquelle la personne passera pour entrer ou sortir de sa maison. Le grigri ne doit pas nécessairement être porté, mais il doit régulièrement atteindre l'aura de la personne au cours de la journée s'il a vocation à l'influencer d'une manière ou d'une autre. Pour maudire une personne, certains praticiens choisiront de suspendre le grigri à un arbre ou à un buisson à proximité de la porte d'entrée ou de la porte arrière de la maison de leur victime. Ainsi, à chaque fois que la personne passera devant cet arbre ou ce buisson, son aura recueillera l'énergie négative transmise par le grigri. Dans ce cas, on dit que le praticien « joue un mauvais tour ». Si pour une raison ou une autre vous décidez de ne pas porter votre grigri, il convient de le conserver dans une petite boîte en bois.

Lorsque vous effectuerez les rituels présentés précédemment, vous ferez plusieurs choses à la fois lors de la cinquième étape :

1. En mettant les paumes de vos mains au-dessus du grigri rempli, vous devez souhaiter que votre énergie circule. Ici, vous chargez

le grigri ou lui donnez de l'énergie supplémentaire pour intensifier l'aura des plantes, des pierres, etc., qui sont utilisées pour le confectionner. Il est connu que les humains ainsi que les plantes et les objets inanimés possèdent une aura qui leur est propre.

2. Les mots utilisés, qui peuvent par exemple prendre la forme d'un chant, définissent la manière dont cette énergie fonctionnera pour vous.

3. Au moment où vous chantez, vous devez voir votre désir apparaître dans votre esprit. L'utilisation simultanée de mots et d'images peut être très impressionnante pour le subconscient.

Au fil des années, de nombreux éléments liés au catholicisme ont été intégrés aux pratiques magiques dans le sud de la Louisiane. J'ai délibérément supprimé cette influence et je suis resté fidèle à la méthode qui consiste à chanter pendant le remplissage du grigri et à utiliser ce chant pour le charger, comme décrit dans la cinquième étape, car je sentais que l'influence du catholicisme limitait la pleine expression de la personnalité de celui ou celle qui pratique la magie.

Je crois sincèrement que les rituels présentés dans cet ouvrage devraient vous donner une idée de comment fabriquer un grigri pour vous-même ou pour quelqu'un d'autre. Avec un peu d'imagination et en tenant compte des informations données dans ce livre, vous devriez aisément être en mesure de confectionner un grigri. N'ayez pas peur de vous exprimer dans votre magie, et vos rituels deviendront ce qu'ils doivent être, à savoir des rituels personnels.

POUPÉE ET MAGIE

Nº 3

Depuis toujours, des poupées, masculines comme féminines, sont utilisées en magie dans le Vieux Monde, ainsi que par certaines tribus amérindiennes dans le Nouveau Monde. La poupée en elle-même est fabriquée au cours d'un rituel et fait office de lien psychique entre la personne et le rituel effectué. Contrairement à la croyance populaire, la poupée ne doit pas obligatoirement ressembler trait pour trait à la personne qu'elle représente. Cependant, lors de la confection d'une poupée, le praticien doit avoir du début à la fin une image mentale claire de la personne que cette poupée représentera.

En Louisiane, les poupées sont fabriquées à partir de deux matériaux de base, à savoir le tissu et l'argile. La poupée en tissu est une simple silhouette humaine découpée dans deux bouts de tissu. Un trou est laissé en haut de la poupée pour pouvoir la rembourrer. Le matériau utilisé pour le rembourrage peut aussi bien être du coton que de la paille, de la mousse espagnole ou diverses herbes. Évidemment, tous les objets qui appartiennent à la personne que la poupée représente et que vous arrivez à obtenir sans que celle-ci ne s'en rende compte doivent être mélangés avec le matériau de rembourrage. Si votre poupée en tissu est destinée à représenter une personne aux cheveux roux et aux yeux verts, vous utiliserez du fil ou de la laine rouge pour les cheveux et du fil vert pour les yeux.

Remarque : traditionnellement, le matériau utilisé pour fabriquer une poupée en tissu provient d'un vêtement sale porté par la personne que la poupée représentera.

La poupée en argile, qui est plus largement utilisée, aura le corps de base d'un homme ou d'une femme. En ce qui concerne l'argile à utiliser pour fabriquer une poupée, beaucoup estiment qu'elle doit provenir de la boue d'un trou d'écrevisse. Comme pour la poupée en tissu, lorsque vous confectionnez votre poupée, mélangez autant d'objets que possible avec l'argile. Ces objets doivent appartenir à la personne que la poupée en argile représentera.

Que vous les fabriquiez à partir de tissu ou d'argile, vos poupées doivent être emballées dans un linge blanc et propre jusqu'à ce que vous les utilisiez au cours d'un rituel.

Fabriquer une poupée pour représenter une autre personne ou vous-même sans effectuer de rituel sera inutile et n'aura aucun effet. Le rituel imprègne l'esprit du praticien et renforce le lien entre sa volonté, la personne représentée par la poupée et le rituel qui influencera cette dernière.

POUR LE RITUEL DE CONSÉCRATION D'UNE POUPÉE, LA DISPOSITION DE L'AUTEL SERA LA SUIVANTE :

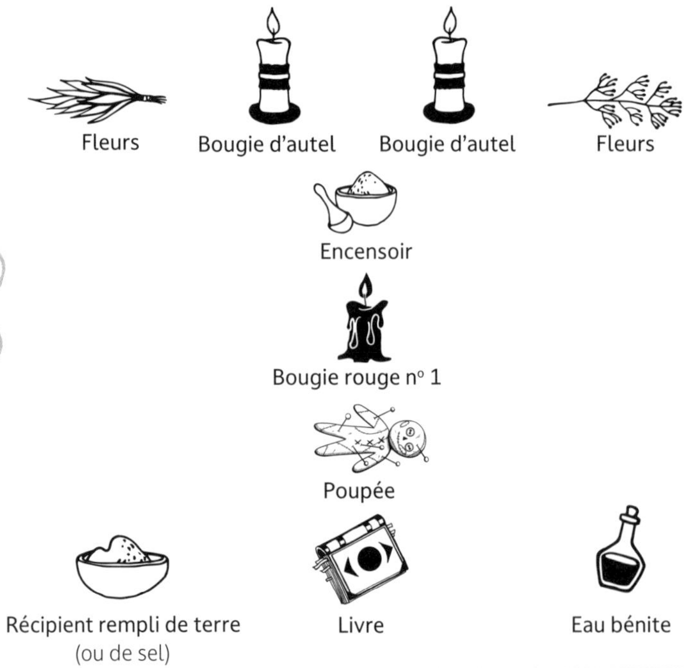

1. Allumez les bougies d'autel.
2. Allumez l'encens. Ici, utilisez de l'encens d'aura d'enchantement.
3. Bénissez le matériau que vous utiliserez pour fabriquer la poupée, qu'il s'agisse d'argile ou de tissu, puis passez à la confection de la poupée. Créez une image mentale claire de la personne que votre poupée représentera. Gardez cette image mentale en tête et concentrez-vous sur cette personne pendant que vous fabriquez la poupée. Pour renforcer votre concentration, répétez en continu l'affirmation suivante :

(nom de la personne), c'est toi que je vois,
(nom de la personne), c'est toi qui est représenté.

Poursuivez votre chant et votre visualisation jusqu'à ce que la poupée soit terminée. Posez la poupée sur l'autel en-dessous de la bougie rouge. Mettez vos deux mains au-dessus de la poupée et souhaitez que votre énergie circule tout en chantant ce qui suit trois, cinq, sept ou neuf fois :

Bien que vous soyez distincts,
vous ne faites qu'un.
En tant que (nom de la personne),
ta vie a commencé.

4. Faites passer les deux côtés de la poupée terminée à travers la flamme de la bougie rouge (qui représente le sang et la force vitale) tout en prononçant ce qui suit :

Avec le feu je consacre cette poupée
en tant que (nom de la personne).

Aspergez les deux côtés de la poupée d'eau bénite tout en prononçant ce qui suit :

Avec l'eau je consacre cette poupée
en tant que (nom de la personne).

Faites passer les deux côtés de la poupée à travers la fumée d'encens tout en prononçant ce qui suit :

Avec l'air je consacre cette poupée
en tant que (nom de la personne).

5. Gardez la poupée enveloppée dans un linge blanc et propre jusqu'à ce qu'elle soit prête à être utilisée dans un rituel.

Certains pensent que la magie et le vaudou n'ont aucun pouvoir véritable, et qu'il est impossible d'influencer favorablement ou défavorablement la vie d'une personne par l'utilisation de la magie si elle ne croit pas en ces pratiques supposément superstitieuses. En d'autres termes, pour que la magie puisse fonctionner, il faudrait que la personne sache qu'une magie quelconque est utilisée contre elle. En un sens, ce n'est pas totalement faux. Mais ce n'est pas tout à fait vrai non plus. Comme me l'a expliqué un praticien vaudou chevronné, il n'est pas indispensable que la personne visée croie aux grigris (ce terme étant utilisé en Louisiane pour désigner tout ce qui est lié à la pratique de la magie ou du vaudou). En réalité, si le praticien y croit assez fort, sa seule croyance est suffisante pour que la magie fonctionne. Ainsi, il n'est pas toujours nécessaire de savoir que quelqu'un utilise des grigris contre vous ou pour vous. Tant que la personne qui a recours à des grigris y croit vraiment, sa magie fonctionnera.

Une forme innée de protection contre la négativité et le mal réside en chaque être humain. C'est ce que l'on appelle l'« aura ». En vous harmonisant avec la lumière blanche cosmique, vous purifiez automatiquement votre aura et vous lui donnez davantage de force. Une aura pure et forte vous protégera et renverra même à la personne qui souhaite vous blesser le mal qu'elle vous aura envoyé[2]. Le pouvoir protecteur de l'aura peut également être renforcé en portant un grigri conçu pour vous protéger du mal. Le pouvoir de la suggestion est fort et agit sur l'esprit. Cependant, si vous savez que quelqu'un essaie de pratiquer la magie pour vous nuire, vous pouvez vous protéger et renvoyer le mal à son expéditeur. Les personnes qui vivent leur vie en ignorant la magie et la valeur protectrice de l'aura sont les plus vulnérables au

2 Pour plus d'informations à ce sujet, je vous recommande *L'autodéfense psychique* de Melita Denning et Osborne Phillips

versant maléfique des pratiques magiques. Tôt ou tard, le praticien de la magie noire réussira à franchir le bouclier de protection de l'aura. Le plus souvent, ces personnes n'envisagent pas non plus de demander de l'aide avant qu'il ne soit trop tard, et il devient alors difficile de faire disparaître les influences négatives de leur vie. C'est pour cette raison que je souhaite vous mettre en garde : faites attention à la malédiction silencieuse, car elle peut être la plus dangereuse.

Nombreux sont ceux qui souhaitent apprendre à pratiquer la magie en pensant à tort qu'ils n'auront plus aucun problème et que tous leurs souhaits leur seront servis sur un plateau. Cette perception de la magie appartient au monde imaginaire de la télévision et de la fiction. Nous aurons toujours des problèmes dans notre vie et nous rencontrerons obligatoirement des obstacles. C'est d'ailleurs grâce à ces problèmes que nous pouvons apprendre. De la même manière, les obstacles qui se dressent devant nous permettent de nous apprendre à faire preuve de patience. L'utilisation de la magie nous aide dans la mesure où elle peut écourter la durée de nos problèmes, ou changer radicalement la tournure que prendra notre vie. Oui, la magie peut même faire de nos désirs une réalité. En fait, la majeure partie de nos problèmes découle généralement de nos propres actions irréfléchies et déraisonnables.

Vos sorts échoueront parfois, et bien des choses peuvent expliquer cet échec. Il se peut que ce que vous désiriez ne soit pas bénéfique pour vous. Il est également possible que vous ayez effectué un rituel pour gagner l'amour d'une personne, mais que pendant ce rituel, vous ne croyiez pas réellement, c'est-à-dire en votre for intérieur, que vous pourriez gagner l'amour de cette personne. Les doutes au cours d'un rituel sont en fait une prière silencieuse pour le faire échouer. Effectuer le rituel ne devient alors qu'une perte de temps et d'énergie, bien que vous œuvriez pour quelque chose de positif. Il se peut également que vous ayez besoin de plus de temps pour développer votre concentration et votre visualisation créatrice.

Si vous envisagez d'effectuer les rituels suivants pour une autre personne et non pour vous-même, essayez de faire en sorte qu'elle travaille à vos côtés. Le cas échéant, la personne en question doit suivre certaines instructions. Pendant toute la durée du rituel que vous effectuez pour elle, la personne doit faire certaines actions. D'abord, elle devra allumer quotidiennement une bougie aux herbes que vous aurez fabriquée vous-même. En allumant la bougie, elle devra par ailleurs répéter une affirmation. Si elle pense faire quelque chose de mal, elle pourra à la place réciter un psaume de la Bible pour apaiser son esprit. Enfin, il conviendra que la personne prenne chaque jour un bain rituel pendant que la bougie se consume. Une cuillerée à soupe de sel béni et des huiles d'onction devront être versées dans l'eau du bain.

Les bougies aux herbes sont fabriquées en mélangeant des herbes à de la cire, ou en faisant rouler la bougie enduite dans des herbes réduites en poudre. Vous pouvez également répandre les herbes dans de l'huile, puis en enduire la bougie. Voici quelques-unes des herbes que vous pouvez utiliser :

- **Amour** : ajoutez de la verveine et de la passiflore à une bougie rouge ou rose, en fonction de la couleur que vous préférez.
- **Passion** : ajoutez de la myrte et des clous de girofle à une bougie rouge.
- **Mariage** : ajoutez des fleurs d'oranger, de la racine d'iris et des graines d'anis à une bougie rouge.
- **Guérison** : ajoutez du chardon béni à une bougie bleu clair.
- **Rupture d'une malédiction** : ajoutez de la bétoine officinale à une bougie blanche.
- **Lancement d'une malédiction** : ajoutez de la renouée des oiseaux à une bougie noire.
- **Pouvoir spirituel et psychique** : ajoutez des graines d'anis à une bougie violette ou blanche, en fonction de la couleur que vous préférez.
- **Chance** : ajoutez de la pivoine et de la potentille à une bougie verte.
- **Protection contre le mal** : ajoutez de la potentille et du santal à une bougie bleu clair.
- **Argent** : ajoutez du thym, de la myrique et des trèfles à une bougie verte.

- **Arrêt des commérages** : ajoutez de l'orme rouge à une bougie blanche.
- **Confusion d'un ennemi** : ajoutez de l'écorce de yohimbe à une bougie marron.
- **Compréhension** : ajoutez de l'oliban à une bougie bleu clair.
- **Réussite** : ajoutez de la cannelle, de la mousse d'Irlande et de la potentille à une bougie orange.

Bien sûr, il conviendra de bénir ces bougies aux herbes, d'inscrire dessus l'objectif du rituel et de les enduire d'une huile appropriée avant de les donner à la personne pour qu'elle les fasse brûler. Il est recommandé d'envelopper les bougies dans du papier blanc découpé en forme de triangle jusqu'à ce que la personne soit prête à les allumer chez elle.

Dans les rituels suivants, nous travaillerons avec des poupées, des bougies, de l'encens et des huiles d'onction. Les poupées sont communément associées à la pratique de la magie, mais rares sont ceux qui traitent dans leurs écrits de l'utilisation de poupées en magie. Si vous avez envie d'utiliser des poupées dans votre pratique magique, les rituels suivants vous présenteront un moyen simple de les utiliser en les associant à des bougies.

ENCOURAGER UN MARIAGE

Il est préférable de commencer ce rituel un vendredi, pendant la phase ascendante de la Lune. Vous aurez besoin des éléments suivants :

- deux poupées en tissu représentant les futurs mariés ;
- sept bougies aux herbes pour le mariage, de couleur rouge et enduites d'huile de fin des aventures ;
- deux bougies orange enduites d'huile de courage ;
- un mélange de saupoudrage composé de fleurs d'oranger et du double de poudre d'attraction d'amour ;
- de l'encens d'attraction d'amour ;

- un ruban rouge d'une longueur de 53 cm ;
- un morceau de linge blanc.

Remarque : dans ce rituel, il serait approprié d'habiller les poupées comme des jeunes mariés.

LA DISPOSITION DE L'AUTEL SERA LA SUIVANTE :

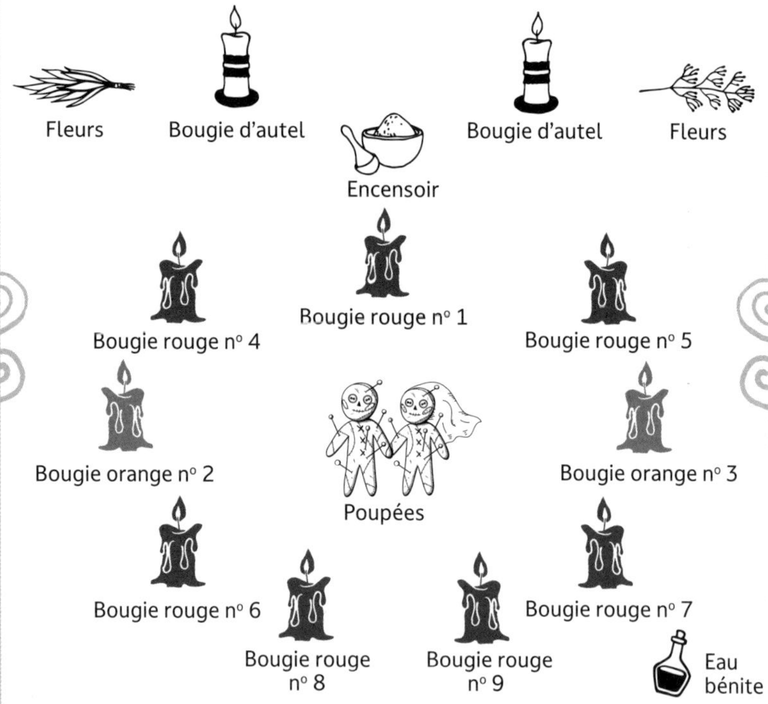

1. Suivez les étapes 1 à 5 présentées dans la partie « Avant le rituel ». La bougie aux herbes pour le développement psychique et spirituel doit être placée au-dessus de l'eau bénite.
2. À l'aide du ruban rouge, nouez les mains de chaque poupée de façon à ce qu'elles entourent le dos de l'autre poupée. Enroulez le reste du ruban autour de la taille des deux poupées, comme pour former une ceinture les liant l'une à l'autre, tout en chantant ce qui suit :

Votre relation à présent
prend un nouveau tournant.
Des idées de mariage
dans vos esprits s'enflamment.
(nom des futurs mariés)
le jour de votre mariage,
vous vous languissez de voir.
Le jour de votre mariage,
vous attendez avec ardeur.
Vos vœux de mariage vous prononcerez
pour être liés,
scellant votre destinée.

Posez les poupées liées au centre du cercle de bougies, sur le carré de linge blanc.

3. Allumez la bougie rouge n° 1 tout en prononçant ce qui suit :

Un mariage il y aura
entre ces deux-là.
(noms des futurs mariés),
leur amour est véritable.
Alors qu'ils prononcent leurs vœux de mariage
pour ne faire qu'un,
ils lient leurs destins.

4. Allumez la bougie orange n° 2 tout en prononçant ce qui suit :

Des encouragements te sont adressés,
(nom du futur marié).
Ta famille et tes amis
veulent te voir marié
à (nom de la future mariée)
avec gaieté.

5. Allumez la bougie orange nº 3 tout en prononçant ce qui suit :

Des encouragements te sont adressés,
(nom de la future mariée).
Ta famille et tes amis
veulent te voir mariée
à (nom du futur marié)
avec gaieté.

6. Versez un peu de votre mélange de saupoudrage sur les poupées en chantant ce qui suit :

Votre relation à présent
prend un nouveau tournant.
Des idées de mariage
dans vos esprits s'enflamment.
(nom des futurs mariés)
le jour de votre mariage,
vous vous languissez de voir.
Le jour de votre mariage,
vous attendez avec ardeur.
Vos vœux de mariage vous prononcerez
pour être liés,
scellant votre destinée.

7. Laissez les bougies se consumer pendant quelques minutes tout en voyant dans votre esprit le couple prononcer ses vœux et s'échanger les alliances.
8. Éteignez les bougies dans l'ordre inverse où vous les avez allumées. Répétez ces étapes le vendredi suivant, en allumant les bougies rouges nº 1 et nº 4. Le troisième vendredi, allumez les bougies rouges nº 1, nº 4 et nº 5, et ainsi de suite.
9. Le dernier jour du rituel, enveloppez les poupées dans le linge blanc et donnez-les à la personne qui a sollicité le rituel pour qu'elle puisse les garder en lieu sûr.

METTRE FIN AUX NUISANCES D'AUTRUI

Ce type de rituel est conçu pour empêcher quelqu'un d'interférer avec une autre personne ou de s'immiscer dans une situation.

Vous aurez besoin des éléments suivants :

- une poupée en tissu représentant la personne responsable des nuisances ;
- une bougie grise enduite d'huile de pouvoir ;
- un mélange de saupoudrage composé d'ase fétide, de racine d'acore et de poussière de cimetière[3] en quantités égales ;
- de l'encens léger pour grigri ou de l'encens de bon voyage.

Remarque : sur un bout de papier, écrivez « (nom de la personne) a complètement cessé d'interférer avec (nom de la personne ou situation) », ou quelque chose de similaire. Ce rituel peut également être utilisé pour empêcher quelqu'un de faire des commérages ou de divulguer des secrets. Dans ce cas, la bouche de la poupée doit être cousue et il convient d'ajouter de l'orme rouge au mélange de saupoudrage.

POUR CE RITUEL, UTILISEZ LA DISPOSITION DE BASE DE L'AUTEL.

1. Suivez les étapes 1 à 5 présentées dans la partie « Avant le rituel ».
2. Sur l'autel, nouez les mains de la poupée derrière son dos. Ensuite, placez la poupée dans un coin de la pièce, dos contre le mur.
3. Placez la bougie grise directement devant la poupée, en glissant au préalable le bout de papier sous la bougie. Allumez la bougie en répétant mot pour mot ce que vous avez écrit sur le papier.

3 En Louisiane, on appelle « poussière de cimetière » la poussière qui s'accumule à l'intérieur des sépultures ouvertes. Elle est récupérée en balayant simplement l'intérieur de la tombe à l'aide d'un petit balai.

4. Prononcez l'incantation suivante tout en versant un peu de votre mélange de saupoudrage sur la poupée :

Tu es dos au mur et tes mains sont liées.
Tu es donc obligée de rester en retrait.
(nom de la personne responsable des nuisances),
tu n'interfères plus avec
(nom de la personne ou situation),
que j'évoque dans ce rituel.
Il n'y a plus rien que tu puisses dire ou faire,
et tu n'as plus d'influence.
Tes actions s'arrêtent net,
et tu ne penses plus
à la personne (ou à la situation).

5. Laissez la bougie se consumer pendant quelques instants tout en voyant dans votre esprit la personne cesser d'interférer, de faire des commérages ou de s'immiscer dans une situation. Tant que vous ne touchez pas et que vous ne déplacez pas la poupée, la personne ne sera plus en mesure d'interférer, de commérer ou de faire toute autre chose. Continuez d'allumer la bougie quotidiennement jusqu'à ce qu'elle soit entièrement consumée.

Remarque : pour ce type de rituels, certains praticiens choisissent d'utiliser une bougie noire plutôt qu'une bougie grise.

APAISER UN JEUNE DÉLINQUANT

De nos jours, à cause de la pression exercée par leurs pairs, beaucoup de jeunes adolescents sont facilement entraînés sur le chemin de la délinquance juvénile. Cette pression sociale n'est pas la seule raison pour laquelle la criminalité juvénile augmente rapidement, mais beaucoup conviendront qu'elle en constitue un facteur.

Pour ce rituel, vous aurez besoin des éléments suivants :

- une poupée en tissu représentant l'enfant/l'adolescent ;
- de l'encens d'apaisement de la colère ;

- quatre bougies rouges enduites d'huile de courage et d'huile de réussite ;
- deux bougies blanches enduites d'huile de pouvoir ;
- une bougie rose enduite d'huile d'attraction d'amour ;
- une bougie bleu clair enduite d'huile d'attraction.

LA DISPOSITION DE L'AUTEL SERA LA SUIVANTE :

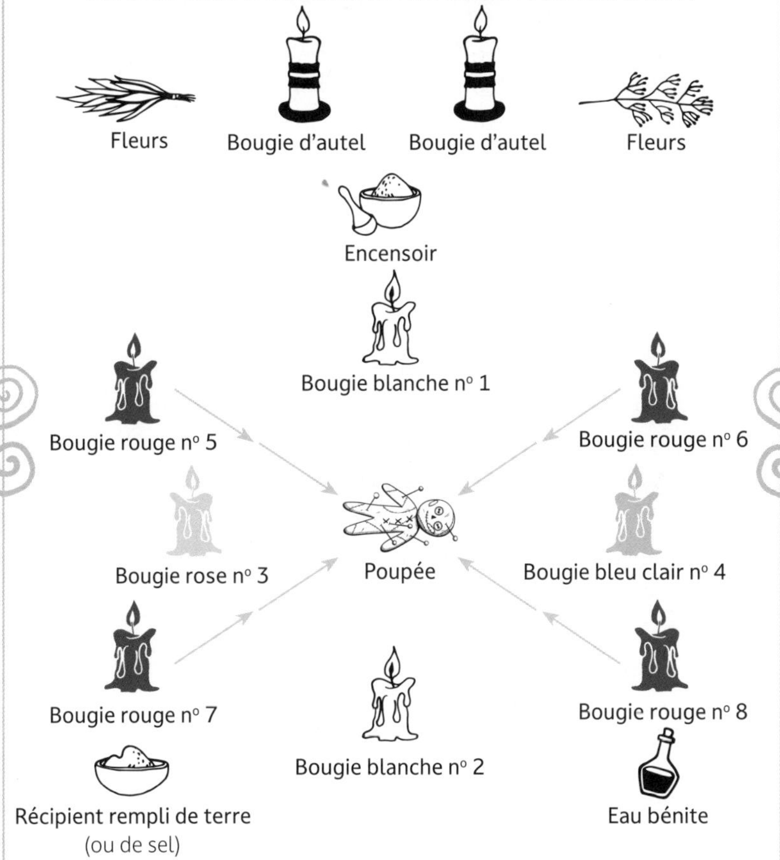

1. Suivez les étapes 1 à 5 présentées dans la partie « Avant le rituel ». La bougie aux herbes pour le développement psychique et spirituel doit être placée au-dessus de l'eau bénite.

2. Allumez les bougies blanches n° 1 et n° 2 tout en affirmant ce qui suit :

Ces bougies que j'allume symbolisent
l'état spirituel, la source de vie de (nom de la personne).
Puisse-t-elle gagner en force chaque jour,
pour empêcher (nom de la personne) de s'égarer, toujours.
Allumez la bougie rose no 3 tout en affirmant ce qui suit :
Ici se trouve l'amour qu'il a dans sa vie.
L'amour est connu,
car l'amour lui est montré
par ceux qui tiennent à lui.

3. Allumez la bougie bleu clair n° 4 tout en affirmant ce qui suit :

La compréhension vient à lui,
commençant dès aujourd'hui.
Pour qu'il soit sage et puisse désormais voir,
lorsque les autres l'utilisent et le manipulent.
Pour qu'il ne soit plus jamais berné,
perverti, dupé ou piégé.

4. Allumez les bougies rouges n° 5, n° 6, n° 7 et n° 8 tout en affirmant ce qui suit :

Les parents ont fait tout ce qu'ils pouvaient
pour apprendre à leur enfant ce qui est bon et mauvais.
Voici toutefois la force dont il aura besoin
pour suivre sa conscience dans ses actions au quotidien.
Il sera un meneur et non un influencé,
qui fera ce qui est bon pour l'humanité.

5. Laissez les bougies se consumer pendant quelques minutes en voyant l'enfant apporter une aide positive aux autres ou bien dire

non et tourner le dos à ce qui est mauvais, tout en affirmant ce qui suit :

Force et courage sont à tes côtés
pour résister à l'influence de ceux que tu vois,
et qui négativement te tenteraient.
C'est pour le bien que tu vis,
c'est pour le bien que tu te bats,
et c'est ton nom que tu honores.
Seul ce qui est bien,
reste à jamais à ta portée.
Un meneur tu seras,
et non un influencé.
Tu feras ce qui est bon
pour l'humanité.

6. Laissez les bougies se consumer encore quelques minutes et éteignez-les dans l'ordre inverse où vous les avez allumées. Répétez le rituel quotidiennement, en rapprochant chaque jour les bougies de la poupée d'environ 2,5 cm, jusqu'à ce que les bougies rouges n° 5, n° 6, n° 7 et n° 8 se trouvent à moins de 7,5 cm de la poupée. Emballez ensuite la poupée dans un linge blanc et donnez-la aux parents de l'adolescent pour qu'ils puissent la garder en lieu sûr.

SURMONTER DES ADDICTIONS

Le tabac, la drogue, l'alcool ou encore la suralimentation sont autant de mauvaises habitudes auxquelles bon nombre de personnes aimeraient mettre un terme.

Pour ce rituel, vous aurez besoin des éléments suivants :

- une poupée en tissu représentant la personne esclave d'une addiction en particulier ;

- quatre bougies blanches ;
- deux bougies rouges ;
- deux bougies noires ;
- de la poussière de cimetière ;
- de l'encens de gloire grandissante ;
- un flacon d'huile de courage ;
- un flacon d'huile d'attraction de santé.

Dans ce rituel, les bougies noires représenteront la mauvaise habitude ou l'addiction dont la personne souhaite se débarrasser. Il n'est en aucun cas question de nuire à quelqu'un d'autre. Ces deux bougies ne seront pas enduites, mais saupoudrées de poussière de cimetière.

LA DISPOSITION DE L'AUTEL SERA LA SUIVANTE :

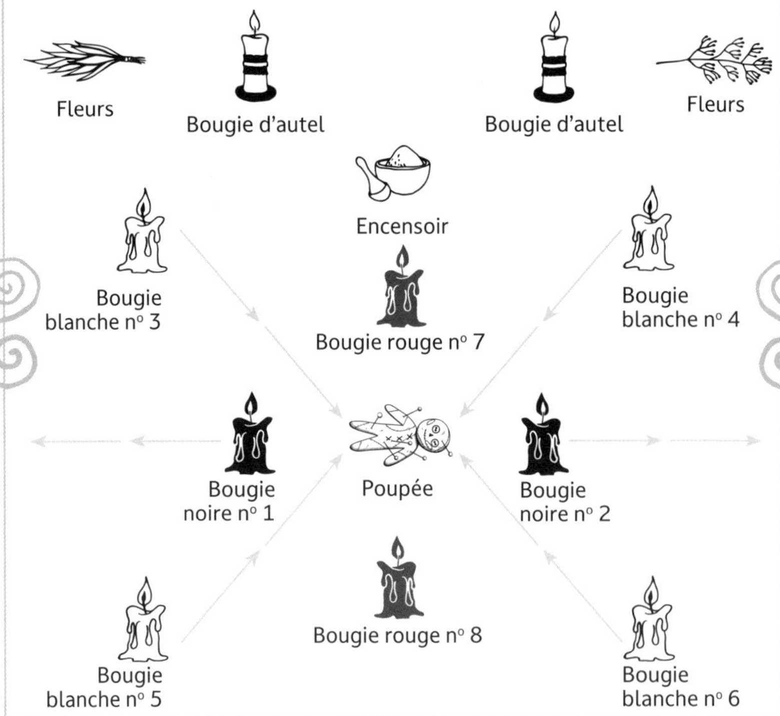

1. Suivez les étapes 1 à 5 présentées dans la partie « Avant le rituel ».
2. Allumez les bougies noires n° 1 et n° 2 tout en affirmant ce qui suit :

Ici est représentée une addiction à
(nom de l'addiction). Cette mauvaise habitude
est ce que (nom de la personne)
souhaite vivement surmonter dans sa vie.
Déjà, cette mauvaise habitude
faiblit un peu plus chaque jour.
Elle disparaîtra de sa vie pour toujours.

3. Allumez les bougies blanches n° 3, n° 4, n° 5 et n° 6 enduites d'huile de courage tout en affirmant ce qui suit :

Une force spirituelle vient à toi,
et en toi réside une forte foi.
Un conquérant tu seras,
et cet ennemi tu vaincras.

4. Allumez les bougies rouges n° 7 et n° 8 enduites d'huile d'attraction de santé tout en affirmant ce qui suit :

Une force supplémentaire est avec toi,
et comme le vainqueur, tu te tiendras droit.
Les signes de bonne santé
te montreront que tu as gagné.

5. Laissez les bougies se consumer pendant quelques instants, puis chantez ce qui suit :

Ta victoire est assurée,
et en combattant l'ennemi, tu as gagné.

Tu es désormais vraiment libéré
de cette mauvaise habitude qui était.

6. Dans votre esprit, voyez la personne être complètement libérée de son addiction. Soufflez ensuite sur les deux bougies noires pour les éteindre. Répétez votre incantation puis éteignez les autres bougies dans l'ordre inverse où vous les avez allumées. Répétez ce rituel tous les trois jours (en déplaçant les bougies comme indiqué) jusqu'à ce que vous soyez satisfait.

Remarque : étant donné que vous travaillez à supprimer une mauvaise habitude de votre vie ou de la vie d'une autre personne, il est recommandé de commencer ce type de rituel pendant la phase descendante de la Lune.

GAGNER L'AMOUR D'AUTRUI

Pour ce rituel, vous aurez besoin des éléments suivants :

- une poupée en argile pour représenter le demandeur (c'est-à-dire la personne qui sollicite le rituel) ;
- une poupée en argile pour représenter la personne dont l'amour est désiré ;
- deux bougies rouges ;
- deux bougies jaunes ;
- une bougie orange ;
- deux magnétites ;
- un flacon d'huile d'attraction ;
- un flacon d'huile d'attraction d'amour ;
- un flacon d'huile de courage ;
- de l'encens d'attraction d'amour.

Remarque : sur l'une des bougies rouges, écrivez « L'amour de (nom du demandeur) pour (nom de l'autre personne) grandit. » Une fois que vous avez inscrit cette phrase, enduisez la bougie d'huile d'attraction d'amour. Ensuite, il convient de l'attacher au dos de la poupée représentant le demandeur avec du fil rouge. Sur l'autre bougie rouge, écrivez « L'amour de (nom de l'autre personne) pour (nom du demandeur) grandit. » Enduisez cette bougie d'huile d'attraction d'amour, puis attachez-la au dos de la poupée représentant l'autre personne.

Les deux bougies jaunes sont enduites d'huile d'attraction. La bougie orange est enduite d'huile de courage.

LA DISPOSITION DE L'AUTEL SERA LA SUIVANTE :

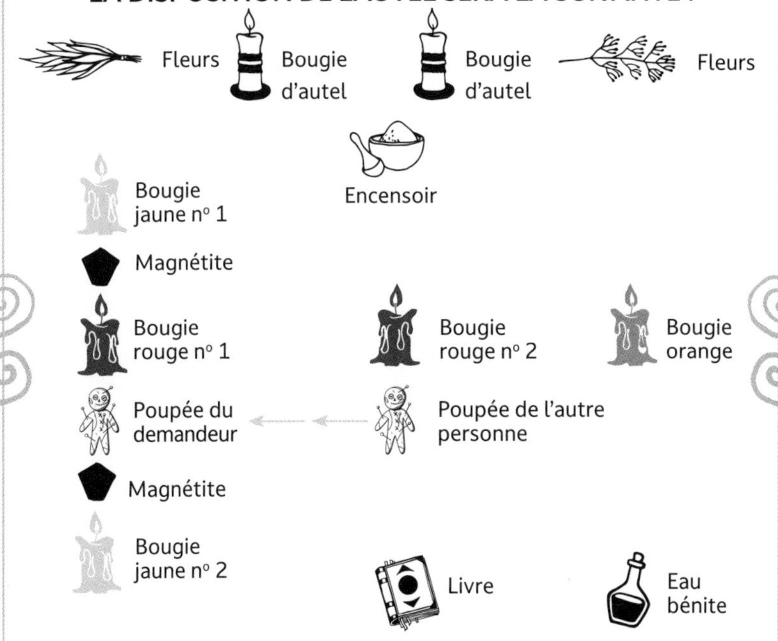

1. Suivez les étapes 1 à 5 présentées dans la partie « Avant le rituel ». La bougie aux herbes pour le développement psychique et spirituel doit être placée au-dessus de l'eau bénite.
2. Allumez la bougie rouge n° 1 tout en affirmant ce qui suit :

Dans le cœur de (nom du demandeur),
un amour grandit ;
un amour qui est fort,
un amour qui se montrera.

3. Allumez la bougie rouge n° 2 tout en affirmant ce qui suit :

Dans le cœur de (nom de l'autre personne)
les graines de l'amour sont plantées.
Alors que son amour grandit chaque jour,
(nom du demandeur), il l'appelle sien.
Un amour qui est fort,
un amour qui est courageux.
Et dans ses bras,
son amour il se languit d'avoir.

4. Allumez les bougies jaunes n° 1 et n° 2 tout en affirmant ce qui suit :

Attraction à droite
et attraction à gauche,
permettent d'entraîner vers (nom du demandeur)
la personne qu'il aime le plus.
Comme la flamme
attire le papillon de nuit,
ces deux-là sont réunis
dans un amour qui n'est pas perdu.

5. Allumez la bougie orange tout en affirmant ce qui suit :

(nom de la personne) se voit encouragé
pour chercher l'amour qu'il ne peut plus cacher.

6. À ce stade, il convient d'envoyer votre propre énergie pour augmenter la force de votre rituel. Levez les deux mains en l'air, les paumes tournées vers l'autel. Par votre imagination créatrice, voyez le couple se réunir, s'embrasser, s'aimer. En maintenant cette image mentale dans votre esprit, souhaitez que votre énergie circule, tout en chantant ce qui suit :

L'amour grandit entre ces deux-là,
leurs cœurs battant d'un amour véritable.
Leurs pensées étant harmonisées,
Ils ne peuvent plus vivre éloignés.
Et ces deux-là
ne font plus qu'un.
Les flammes de la passion et du désir ardent
dans leurs cœurs brûlent constamment.
Et ces deux-là
ne font plus qu'un.

Répétez ce chant trois, cinq, sept ou neuf fois.

7. Laissez les bougies se consumer pendant une heure. Éteignez-les dans l'ordre inverse où vous les avez allumées. Répétez ce rituel quotidiennement en déplaçant la bougie rouge n° 2 et la poupée représentant l'autre personne de 2,5 cm à 5 cm pour les rapprocher de la bougie rouge n° 1 et de la poupée du demandeur, jusqu'à ce que les deux poupées se touchent. Le dernier jour du rituel, liez les poupées qui se touchent à l'aide d'un ruban rouge. Ensuite, emballez-les dans un linge blanc et propre et donnez-les au demandeur pour qu'il puisse les garder en lieu sûr.

8. Le demandeur devra allumer tous les jours une bougie aux herbes pour l'amour. En allumant cette bougie, il devra prononcer ce qui suit : « Puisse la personne que j'aime voir le véritable amour en moi et venir à mes côtés. » Si le demandeur est un homme, il devra lire le chapitre 6 du Chant de Salomon. S'il s'agit d'une femme, elle devra lire le chapitre 8. Par ailleurs, pour son bain rituel quotidien, le demandeur devra verser une cuillerée à soupe de sel béni ainsi que neuf gouttes d'huile de séduction et sept gouttes d'huile d'attraction d'amour dans l'eau du bain. Il devra également se concentrer sur la personne aimée ou penser très fort à elle pendant son bain rituel. Une fois le bain terminé, le demandeur devra répandre de la poudre d'attraction d'amour dans son cou et sur sa poitrine, puis éteindre la bougie.

DÉVELOPPER VOTRE COMPRÉHENSION

Pour ce rituel, vous aurez besoin des éléments suivants :

- une poupée en argile représentant le demandeur ;
- une bougie jaune ;
- deux bougies bleu clair ;
- un flacon d'huile d'attraction ;
- un flacon d'huile de réussite ;
- de l'encens d'aura d'enchantement.

Étant donné qu'une bougie jaune est utilisée dans ce rituel, nous comprenons que le demandeur souhaite développer sa compréhension dans le domaine des études. Sur cette bougie, écrivez la nature de ces études, qu'il s'agisse d'études de mathématiques, de sciences, de langues, etc. Attachez ensuite la bougie au dos de la poupée représentant le demandeur. Enduisez-la d'huile d'attraction, puis enduisez les deux bougies bleu clair d'huile de réussite.

LA DISPOSITION DE L'AUTEL POUR CE RITUEL SERA LA SUIVANTE :

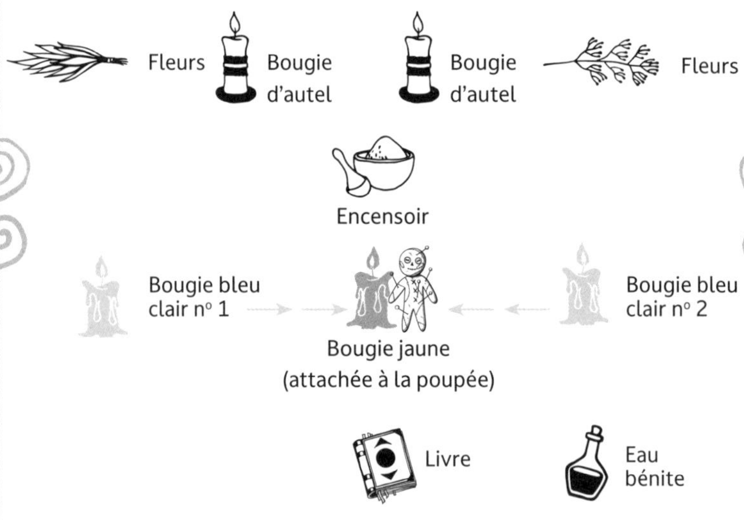

1. Suivez les étapes 1 à 5 présentées dans la partie « Avant le rituel ». La bougie aux herbes pour le développement psychique et spirituel doit être placée au-dessus de l'eau bénite.
2. Allumez la bougie jaune tout en affirmant ce qui suit :

Ici un domaine de la vie est représenté
où la compréhension est grandement souhaitée.
Bientôt, (nom du demandeur) comprendra tout ce qui est lié
à (nom de la situation dans laquelle la compréhension est souhaitée).

3. Allumez dans l'ordre les bougies bleu clair n° 1 et n° 2 tout en affirmant ce qui suit :

Lumière de la connaissance, brille ici,
et chasse l'ignorance aujourd'hui.
En apprenant, nous comprenons la vérité
qui chaque jour est révélée.
Tu étais aveugle, mais désormais tu vois
car la compréhension vient à toi.

Arrêtez-vous pendant quelques instants et méditez sur le demandeur. Voyez-le faire tout ce qu'il peut pour favoriser une meilleure compréhension. Répétez ensuite l'affirmation suivante :

Lumière de la connaissance, brille ici,
et chasse l'ignorance aujourd'hui.
En apprenant, nous comprenons la vérité
qui chaque jour est révélée.
Tu étais aveugle, mais désormais tu vois
car la compréhension vient à toi.

Arrêtez-vous pendant quelques instants et méditez une nouvelle fois sur le demandeur. Répétez ensuite l'affirmation suivante :

Lumière de la connaissance, brille ici,
et chasse l'ignorance aujourd'hui.
En apprenant, nous comprenons la vérité
qui chaque jour est révélée.
Tu étais aveugle, mais désormais tu vois
car la compréhension vient à toi.

4. Laissez les bougies se consumer pendant une heure. Éteignez-les dans l'ordre inverse où vous les avez allumées. Répétez le rituel quotidiennement en déplaçant les bougies bleu clair n° 1 et n° 2 de 2,5 cm à 5 cm pour les rapprocher de la bougie jaune et de la poupée représentant le demandeur, jusqu'à ce qu'elles touchent la poupée représentant le demandeur.

5. Le demandeur devra allumer tous les jours une bougie aux herbes pour la compréhension. En allumant cette bougie, il devra prononcer ce qui suit : « Puisse cette flamme symboliser ma compréhension croissante de (ce que le demandeur souhaite comprendre). » Sinon, il devra lire le psaume 133 de la Bible. Par ailleurs, pour son bain rituel quotidien, le demandeur devra verser une cuillerée à soupe de sel béni ainsi que neuf gouttes d'huile d'attraction dans l'eau du bain. Enfin, il devra faire brûler de l'encens d'aura d'enchantement tous les jours, pendant sept jours.

SATISFAIRE VOS DÉSIRS

Pour ce rituel, vous aurez besoin des éléments suivants :

- une poupée en argile pour représenter le demandeur ;
- trois bougies pour représenter le désir ;
- deux bougies violettes ;
- quatre bougies roses ;
- un flacon d'huile de réussite ;

- un flacon d'huile de pouvoir ;
- de l'encens (voir ci-dessous pour le type).

Remarque : l'une des bougies qui représentent le désir sera attachée au dos de la poupée qui représente le demandeur. Référez-vous au schéma de l'autel ci-après pour savoir où placer les deux autres bougies et comment elles seront utilisées dans le rituel. La couleur de ces bougies changera en fonction du désir à représenter :

- **Argent** : utilisez trois bougies vertes bénies et enduites d'huile d'attraction d'argent et faites brûler de l'encens de pluie d'or.
- **Bonheur** : utilisez trois bougies roses enduites d'huile de cœur heureux et faites brûler de l'encens d'aura d'enchantement.
- **Chance** : utilisez trois bougies vertes bénies et enduites d'huile de vie chanceuse et faites brûler de l'encens d'or du Leprechaun.
- **Réussite** : utilisez trois bougies orange bénies et enduites d'huile de réussite et faites brûler de l'encens de gloire grandissante.
- **Santé** : utilisez trois bougies rouges bénies et enduites d'huile d'attraction de santé et faites brûler de l'encens d'éclat de santé.
- **Prospérité** : utilisez trois bougies vertes bénies et enduites d'huile de réussite et faites brûler de l'encens de gloire grandissante.
- **Rêves heureux** : utilisez trois bougies orange bénies et enduites d'huile de rêves et faites brûler de l'encens de rêves de prophétie.
- **Force spirituelle** : utilisez trois bougies blanches bénies et enduites d'huile de pouvoir et faites brûler de l'encens d'aura d'enchantement.

Dans la disposition de l'autel, les bougies n° 2, n° 3, n° 4 et n° 5 sont bénies et enduites d'huile de réussite. Les bougies n° 6 et n° 7 sont bénies et enduites d'huile de pouvoir.

LA DISPOSITION DE L'AUTEL SERA LA SUIVANTE :

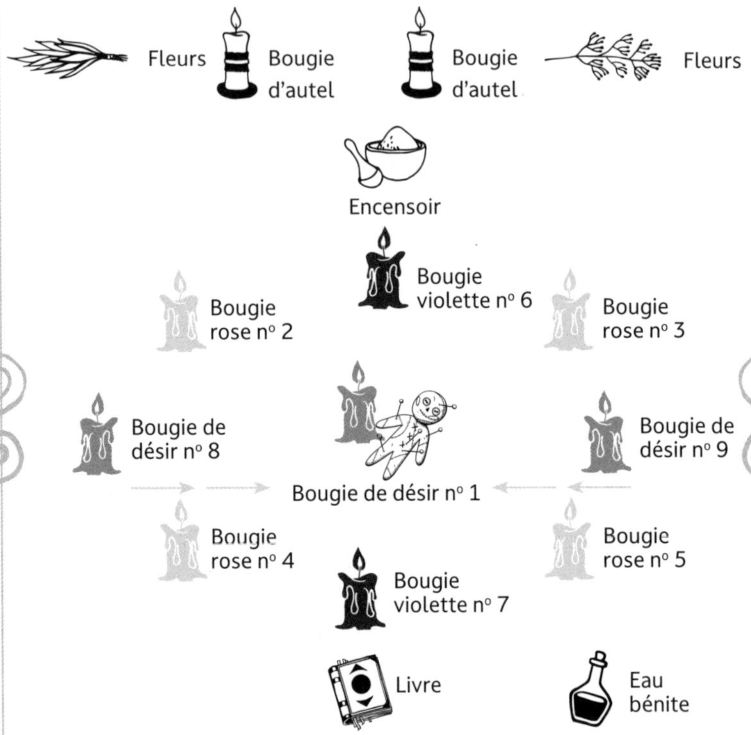

1. Suivez les étapes 1 à 5 présentées dans la partie « Avant le rituel ». La bougie aux herbes pour le développement psychique et spirituel doit être placée au-dessus de l'eau bénite.
2. Allumez la bougie de désir n° 1 tout en affirmant ce qui suit :

Chaque jour en (nom du demandeur) grandit le souhait
de voir (nom du désir) se manifester.
Bientôt, il connaîtra cette réalité.

3. Allumez les bougies roses n° 2, n° 3, n° 4 et n° 5 tout en affirmant ce qui suit :

Honneur et amour qui t'entourent
car tu vis pour ce qui est bien chaque jour.

Alors que cette bénédiction bientôt vient à tes côtés,
ce désir comblé est une probabilité.

4. Allumez les bougies violettes nº 6 et nº 7 tout en affirmant ce qui suit :

Ce que tu cherches te cherche également,
et voici le pouvoir de le voir pleinement.
Ainsi le désir de (nom du désir) peut se manifester.

5. Allumez les bougies de désir nº 8 et nº 9 en affirmant ce qui suit :

(nom du désir) passe au premier plan,
sa force de plus en plus augmentant.
Il t'attend, ce désir comblé
que tu auras à jamais.

6. Voyez mentalement le demandeur faire tout ce qu'il peut pour que le désir se manifeste dans sa vie, puis voyez finalement ce désir être satisfait. Si son désir est lié à l'argent, voyez le demandeur avoir la quantité d'argent souhaitée ; si son désir est lié à la santé, voyez le demandeur être en bonne santé, et ainsi de suite. En maintenant cette image mentale du demandeur dans votre esprit, levez les deux mains en l'air, les paumes tournées vers l'autel, et souhaitez que votre énergie circule tout en chantant ce qui suit :

L'énergie circule librement,
de la force supplémentaire apportant.
La réussite grandit continuellement,
et (nom du désir) est comblé rapidement.
(nom du désir) apparaît au grand jour
et tu l'auras pour toujours.

7. Laissez les bougies se consumer pendant trente minutes. Éteignez-les dans l'ordre inverse où vous les avez allumées. Répétez ce rituel tous les jours, pendant quatorze jours.

Essayez toujours d'impliquer le demandeur et de faire en sorte qu'il travaille à vos côtés. **Voici ce qu'il devra faire dans la seconde partie du rituel, en fonction du désir représenté :**

- **Argent** : le demandeur devra allumer une bougie aux herbes pour l'argent, enduite d'huile d'attraction d'argent. En allumant la bougie, il devra prononcer ce qui suit : « Mes besoins sont comblés tandis que je place ma foi en Dieu. » Sinon, le demandeur devra lire le psaume 41. Il devra également verser une cuillerée à soupe de sel béni ainsi que neuf gouttes d'huile d'attraction d'argent dans l'eau de son bain rituel. Enfin, il devra répandre de la poudre d'attraction d'argent dans son cou et sur sa poitrine.

- **Amour** : le demandeur devra allumer une bougie aux herbes pour l'amour, enduite d'huile d'attraction d'amour. En allumant la bougie, il devra prononcer ce qui suit : « Puisse la personne que j'aime voir le véritable amour en moi et venir à mes côtés. » Sinon, le demandeur devra lire le chapitre 6 du Chant de Salomon (s'il s'agit d'un homme) ou le chapitre 8 (s'il s'agit d'une femme). Il devra également verser une cuillerée à soupe de sel béni ainsi que neuf gouttes d'huile de séduction dans l'eau de son bain rituel. Enfin, il devra répandre de la poudre d'attraction d'amour dans son cou et sur sa poitrine.
- **Chance** : le demandeur devra allumer une bougie aux herbes pour la chance, bénie et enduite d'huile de vie chanceuse. En allumant la bougie, il devra prononcer ce qui suit : « Puisse la lumière de la chance briller sur moi pour que je voie un avenir plus prometteur. » Sinon, le demandeur devra lire à neuf reprises le verset 11 du psaume 62. Il devra également verser quatre gouttes d'huile de vie chanceuse et cinq gouttes d'huile de pouvoir dans l'eau de son bain rituel. Enfin, il devra répandre de la poudre de décroisement dans son cou et sur sa poitrine.
- **Réussite** : le demandeur devra allumer une bougie aux herbes pour la réussite, bénie et enduite d'huile de réussite. En allumant la bougie, il devra prononcer ce qui suit : « Alors que je mène une vie ordonnée et remplie de la justice de Dieu, je connaîtrai la réussite dans ma vie. » Sinon,

le demandeur devra lire le psaume 95. Il devra également verser une cuillerée à soupe de sel béni et neuf gouttes d'huile de réussite dans l'eau de son bain rituel. Enfin, il devra répandre de la poudre de décroisement dans son cou et sur sa poitrine.

- **Santé** : le demandeur devra allumer une bougie aux herbes pour la guérison, bénie et enduite d'huile d'attraction de santé. En allumant la bougie, il devra prononcer ce qui suit : « Que cette flamme fasse jaillir les rayons de guérison divine pour redonner à mon esprit, mon corps et mon âme un état de parfaite santé. » Sinon, le demandeur devra alterner chaque jour entre la lecture du psaume 38 et celle du psaume 23. Il devra également verser une cuillerée à soupe de sel béni et neuf gouttes d'huile d'attraction de santé dans l'eau de son bain rituel.
- **Prospérité** : le demandeur devra allumer une bougie aux herbes pour la réussite, bénie et enduite d'huile de réussite. En allumant la bougie, il devra prononcer ce qui suit : « Éclaire la voie qui me mènera à une vie prospère. » Sinon, le demandeur devra lire le psaume 41. Il devra également verser une cuillerée à soupe de sel béni et neuf gouttes d'huile de réussite dans l'eau de son bain rituel. Enfin, il devra répandre de la poudre de décroisement dans son cou et sur sa poitrine et transporter dans sa poche un morceau de racine haute de John le Conquérant.
- **Force spirituelle** : le demandeur devra allumer une bougie aux herbes pour le pouvoir psychique et spirituel, bénie et enduite d'huile de bénédiction. En allumant la bougie, il devra prononcer ce qui suit : « Puisse cette lumière symboliser l'amour éternel que j'ai pour Dieu. Alors que je vis d'après ses enseignements, j'atteindrai assurément un niveau spirituel supérieur. » Sinon, le demandeur devra lire le psaume 23. Il devra également verser une cuillerée à soupe de sel béni et neuf gouttes d'huile de pouvoir dans l'eau de son bain rituel.

Remarque : ce rituel doit être effectué quotidiennement, en rapprochant les bougies de désir n° 8 et n° 9 de 2,5 cm ou de 5 cm jusqu'à ce qu'elles touchent la bougie de désir n° 1 et la poupée.

ROMPRE UNE MALÉDICTION

Pour ce rituel, vous aurez besoin des éléments suivants :

- une poupée en argile pour représenter le demandeur ;
- quatre bougies blanches ;
- une bougie noire ;
- de la poussière de cimetière ;
- un flacon d'huile de décroisement ;
- de l'encens de décroisement ;
- quatre bouts de papier blanc avec le nom de la personne inscrit dessus.

Les quatre bougies blanches devront être bénies et enduites d'huile de décroisement. La bougie noire représentant la malédiction, elle ne sera ni bénie, ni enduite. Cette bougie sera par ailleurs saupoudrée de poussière de cimetière. Enfin, les quatre bouts de papier seront placés en-dessous de chacune des bougies blanches.

LA DISPOSITION DE L'AUTEL SERA LA SUIVANTE :

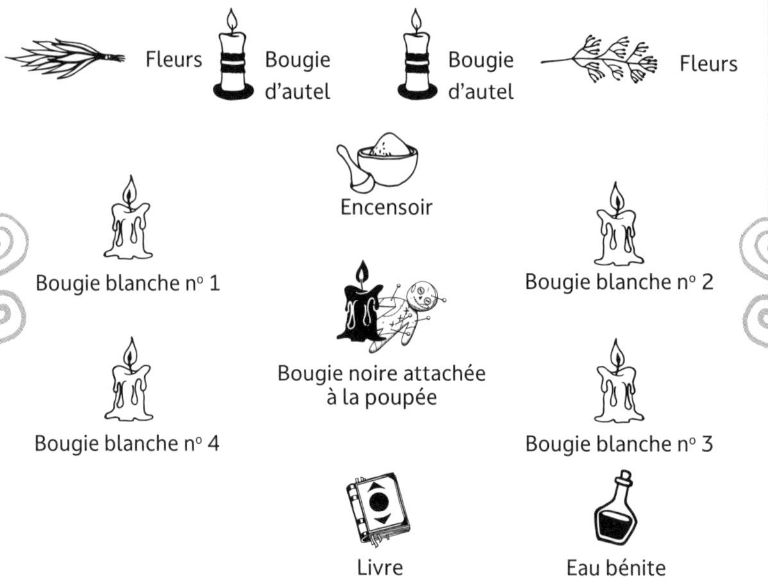

1. Suivez les étapes 1 à 5 présentées dans la partie « Avant le rituel ». La bougie aux herbes pour le développement psychique et spirituel doit être placée au-dessus de l'eau bénite.
2. Enduisez d'huile de décroisement le front, la gorge, le cœur, le dessus du nombril et les parties génitales de la poupée tout en chantant ce qui suit :

La protection vient à toi maintenant,
et cette malédiction ne t'influence plus à présent.
Cette négativité est retournée
à celui qui t'a condamné.

Si vous n'avez pas déjà attaché la bougie noire au dos de la poupée, faites-le, et placez la poupée et la bougie noire au milieu des quatre bougies blanches.

3. Allumez la bougie noire tout en affirmant ce qui suit :

D'une malédiction (nom de la personne) est entouré
et il souhaite en être libéré.
La voilà bientôt bannie,
cette néfaste énergie.

4. Allumez les quatre bougies blanches tout en affirmant ce qui suit :

Cette flamme et cette huile feront de leur mieux
pour te délivrer et te libérer jour et nuit.
Du nord, de l'est, du sud et de l'ouest,
elles chassent le mal envoyé vers toi.
Tu seras délivré et gai,
libéré de cette néfaste énergie.

5. Soufflez sur la bougie noire pour l'éteindre. Laissez les quatre bougies blanches se consumer pendant une heure. Pendant ce

temps, dans votre esprit, voyez la personne être libérée de la malédiction. Voyez-la entourée d'une lumière blanche. Éteignez les quatre bougies blanches dans l'ordre inverse où vous les avez allumées. Répétez ce rituel tous les jours, pendant sept jours.

6. Quelque part dans la maison ou dans le jardin de la victime, vous trouverez un grigri maléfique ou une petite boule de conjuration. La boule de conjuration est similaire à un grigri, sauf qu'elle est fabriquée à partir de cire noire et qu'elle est recouverte de plumes noires. À chaque fois que la victime s'approche trop près du grigri ou de la boule de conjuration, son aura recueille les vibrations négatives que le grigri ou la boule de conjuration lie à elle à travers un rituel de malédiction. Ainsi, il est indispensable de trouver le grigri ou la boule de conjuration pour vous assurer que la malédiction ne recommence pas encore et encore. Une fois que vous trouvez le grigri ou la boule de conjuration, placez-le (ou la) dans un petit coffret en bois.

7. Dans un endroit secret dans les bois, creusez une petite tombe. Aspergez entièrement la tombe d'eau bénite. Placez le petit coffret en bois contenant l'objet maléfique à l'intérieur de cette tombe. Versez une petite quantité d'essence dans la tombe et mettez-y le feu. Pendant que le coffret brûle, chantez ce qui suit :

Consumé par cette puissante flambée,
ton mal ne doit plus jamais régner.
Comme toutes les choses ont une fin,
à nouveau ta victime sourit enfin.
Comme (nom de la personne) recommence sa vie,
tu ne peux plus le blesser aujourd'hui.
Je t'envoie dans un lieu de repos,
offrant à ta victime une vie qui mieux vaut.

À la fin de chaque vers, versez un peu d'ammoniaque dans le feu. Une fois que le feu est éteint, recouvrez la tombe. En vous éloignant de la tombe, ne vous retournez pas.

8. Au bout de sept jours, emballez la poupée dans un linge blanc et propre et donnez-la au demandeur pour qu'il puisse la garder en lieu sûr.

Ensuite, le demandeur doit faire ce qui suit :

1. Allumer tous les jours pendant une heure une bougie aux herbes pour le décroisement. Cette bougie doit être bénie et enduite d'huile de décroisement.
2. Verser une cuillerée à soupe de sel béni et neuf gouttes d'huile de décroisement dans l'eau de son bain rituel.
3. Ajouter de l'essence de Van Van de Louisiane à son eau de lavage et frotter les sols et les marches de l'entrée de sa maison avec.

Mélangez les ingrédients suivants pour préparer une solution à donner au demandeur :

- 120 ml d'eau ;
- 120 ml de vinaigre ;
- deux cuillerées à soupe de sel béni ;
- une cuillerée à soupe de poudre de jalap (ou racine de John le Conquérant) ;
- une cuillerée à soupe de feuilles de basilic en poudre ;
- une cuillerée à soupe de potentille en poudre.

Divisez ce mélange en deux. Répandez la première moitié de ce mélange dans chaque recoin de la maison. Ensuite, divisez la seconde moitié en deux. Versez une moitié au niveau de la porte d'entrée, puis dispersez l'autre moitié au niveau de la porte arrière. Placez une feuille de laurier dans chaque recoin de la maison au fur et à mesure que vous y répandez le mélange. Cela permettra d'une part de rendre plus difficiles les attaques à venir, et d'autre part d'éliminer toutes les vibrations négatives qui pourraient s'attacher à la maison.

NETTOYER VOTRE MAISON

Si vous emménagez dans une nouvelle maison (ou même dans un vieil immeuble), il est toujours bon de nettoyer l'endroit des vibrations négatives laissées par les anciens occupants ou, s'il s'agit d'un immeuble construit récemment, des pensées négatives alimentées par des ouvriers mécontents. Depuis toujours, l'aura des édifices est façonnée par les pensées et les émotions des personnes qui passent beaucoup de temps entre leurs murs.

Avec le rythme effréné de la vie quotidienne, toute personne qui travaille savoure le bonheur d'avoir un foyer calme et chaleureux où rentrer à la fin de la journée. Vous pouvez également créer une atmosphère paisible et chaleureuse dans votre maison en nettoyant l'aura de cette dernière de toute vibration négative. Cette opération est appelée « onction de la maison » et peut également être utilisée pour éliminer les vibrations négatives dans les locaux d'une entreprise.

1. Ouvrez toutes les fenêtres et toutes les portes de la maison ou de l'immeuble.
2. Frottez vigoureusement les sols avec une solution composée des ingrédients suivants :

- 30 ml d'huile de Van Van de Louisiane ;
- 60 ml d'ammoniaque ;
- une cuillerée à soupe de sel de mer béni ;
- un seau d'eau.

3. Une fois que les sols ont été nettoyés, préparez une autre solution avec les ingrédients suivants :

- 120 ml d'eau ;
- 120 ml de vinaigre de cidre ;
- une cuillerée à soupe de sel de mer béni ;
- une cuillerée à soupe de poudre de jalap ;
- une cuillerée à soupe de feuilles de basilic en poudre ;
- une cuillerée à soupe de feuilles de romarin en poudre.

Divisez ce mélange en deux. Prenez la moitié du mélange et répandez-la dans chaque recoin de la maison. Ce faisant, vous devez chanter ou prier pour que l'énergie psychique négative disparaisse des lieux. Ensuite, divisez la seconde moitié du mélange en deux. Répartissez-la dans deux bocaux (ou deux tasses, ou tout autre récipient). Le premier bocal doit être placé au niveau de la porte d'entrée, tandis que le second doit être déposé au niveau de la porte arrière.

4. Une fois chose faite, il convient d'encenser la maison ou l'immeuble en utilisant de l'encens du diable qui s'en va. Encensez chaque recoin de la maison tout en chantant ou en priant pour que les vibrations négatives soient éliminées.

Une fois que vous aurez nettoyé l'aura de votre maison, vous souhaiterez peut-être faire quelque chose pour limiter au maximum les frustrations, les querelles et les conflits qui pourraient provoquer de la discorde entre les membres du foyer. Suivez les instructions données ci-après.

Utilisez la disposition de base de l'autel et ajoutez-y les éléments suivants :

- de l'encens d'apaisement de la colère ;
- trois bougies roses enduites d'huile d'attraction d'amour ;
- des bouts de papier blanc sur lesquels vous écrirez les noms des membres de votre foyer. Ainsi, s'il y a quatre membres dans le foyer, vous utiliserez quatre bouts de papier avec un nom inscrit sur chacun d'entre eux.

Le seul changement que vous effectuerez par rapport à la disposition de base de l'autel sera lié à l'endroit où vous placerez l'encensoir. Placez-le au centre de votre autel. Les trois bougies roses enduites d'huile d'attraction d'amour sont placées autour de l'encensoir de façon à former un triangle, avec l'une des bougies pointant vers le haut, comme suit :

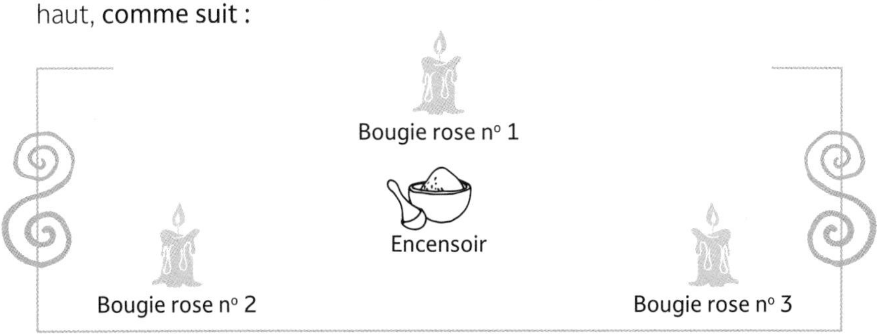

1. Suivez les étapes 1 à 5 présentées dans la partie « Avant le rituel ». La bougie aux herbes pour le développement psychique et spirituel doit être placée au-dessus de l'eau bénite.
2. Allumez les bougies roses n° 1, n° 2 et n° 3, dans cet ordre. En les allumant, chantez ce qui suit :

Cette nuit, les feux de l'amour qui brillent
dans les cœurs instillent
un amour qui est bon, un amour qui est vrai,
toujours prêt à aider, à se préoccuper
et à agir de manière appropriée.

Chantez cette incantation trois, cinq, sept ou neuf fois.

3. À ce stade, prenez l'un des bouts de papier sur lesquels vous avez inscrit les noms des membres de votre famille et mettez-le dans l'encensoir pour le faire brûler, tout en chantant ce qui suit :

La paix et l'amour vous sont familiers
et vous apportez l'harmonie au sein du foyer.
Vous n'avez aucune pensée de colère
envers ceux qui vous aiment de façon si particulière.
La paix et l'amour vous sont familiers
alors que pour l'harmonie vous œuvrez.

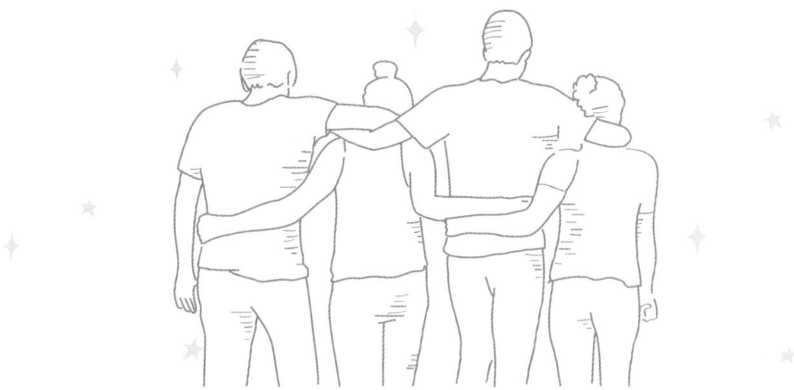

Une fois que le papier a complètement brûlé, versez une pincée d'encens d'apaisement de la colère dans votre encensoir. Poursuivez avec les autres bouts de papier en les faisant brûler dans l'encensoir tout en chantant, jusqu'à ce qu'ils aient tous brûlé. En effectuant ce rituel au moins une fois par mois, vous verrez grandement augmenter l'harmonie et la coopération au sein du foyer. Souvenez-vous : une maison divisée ne tient pas debout.

EMPÊCHER LES VIOLENCES DOMESTIQUES

Vous aurez besoin des éléments suivants :

- un petit pot avec un couvercle qui se visse pour symboliser la maison (l'idéal étant d'utiliser des petits pots à épices achetés dans une épicerie) ;
- un bout de tissu rouge découpé en forme de cœur ;
- des aiguilles à coudre neuves (une pour chaque membre de la famille) ;
- des mèches de cheveux de chaque membre de la famille ;
- un mélange de 60 ml de miel et de vin moelleux en quantités égales ;
- une pincée de verveine, de passiflore et de dulse, ainsi qu'un morceau de racine de John le Conquérant ;
- de l'encens d'apaisement de la colère ;
- deux bougies roses ;
- deux bougies bleu clair ;
- une bougie rouge.

Remarque : étant donné que les aiguilles symbolisent chaque membre de la famille, la mèche de cheveux appartenant à un membre de la famille en particulier doit être passée dans le chas de l'aiguille qui le représente. Chaque aiguille doit être nommée et consacrée comme expliqué dans l'étape 4 du rituel de consécration d'une poupée (page 69). Assurez-vous de nouer la mèche de cheveux que vous avez fait passer dans le chas de l'aiguille pour l'empêcher d'en sortir.

LA DISPOSITION DE L'AUTEL SERA LA SUIVANTE :

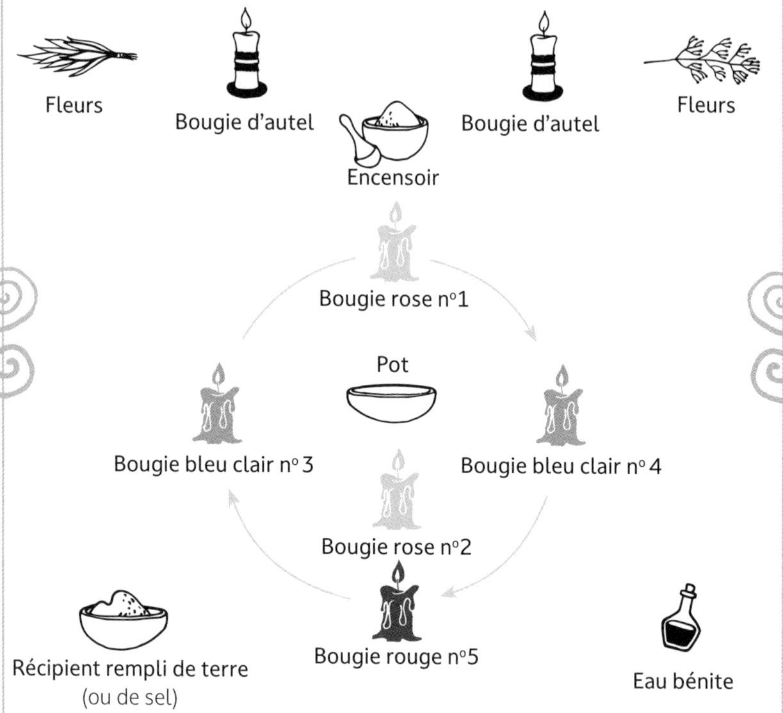

1. Suivez les étapes 1 à 5 présentées dans la partie « Avant le rituel ». La bougie aux herbes pour le développement psychique et spirituel doit être placée au-dessus de l'eau bénite.
2. Prenez chacune des aiguilles et plantez-les dans le bout de tissu rouge en forme de cœur. Placez-le dans le pot.
3. Mettez les herbes dans le pot, puis versez le mélange de miel et de vin moelleux sur les herbes jusqu'à ce que le pot soit rempli. Si vous le souhaitez, vous pouvez chanter ce qui suit pendant les étapes 2 et 3 :

Dans la paix et l'amour cette famille sera,
et dans l'harmonie elle vivra.
Dans la paix et l'amour, comme il se doit,
pour l'harmonie chaque membre œuvrera.

Un paradis d'amour est ce foyer,
ses membres œuvrant de façon harmonisée.

4. Allumez les bougies roses n° 1 et n° 2 tout en affirmant ce qui suit :

Amour, fais briller ta lumière d'en haut
et fais de cette maison un paradis d'amour.
Un pour tous et tous pour un,
telle est la devise de cette maison d'amour.
Ces cœurs remplis d'amour nous voyons,
prendre soin les uns des autres constamment.
Toujours prêts à faire ce qui est bon
sans jamais se faire de mal ou se battre.
Amour, fais briller ta lumière d'en haut,
pour faire de cette maison un paradis d'amour.

5. Allumez les bougies bleu clair n° 3 et n° 4 en affirmant ce qui suit :

La paix et l'amour vous sont familiers
alors que pour l'harmonie, quotidiennement vous œuvrez.
Vous œuvrez ensemble constamment
à l'intérieur de cette maison, vivant paisiblement.
La paix et l'amour vous sont familiers
alors que pour l'harmonie, tous vous œuvrez.

6. Allumez la bougie rouge n° 5 tout en affirmant ce qui suit :

Voici la force qui vient dans ce foyer,
pour renforcer les liens de l'amour montré.
Pour vivre paisiblement,
chacun œuvre sincèrement,
faisant de cette maison un foyer,
vous le voyez.

Laissez les bougies se consumer pendant quelques minutes. Ce rituel doit être effectué quotidiennement, en déplaçant la bougie rouge de 7,5 cm dans le sens des aiguilles d'une montre autour du pot rempli, des deux bougies roses et des deux bougies bleu clair, jusqu'à ce que la bougie rouge revienne à sa position initiale (c'est-à-dire en dessous de la bougie rose n° 2).

7. Une fois le rituel terminé, fermez le pot et gardez-le en lieu sûr dans votre maison, sur votre autel ou à l'endroit de votre prière quotidienne.

RENDRE VOTRE ENTREPRISE PROSPÈRE

Vous envisagez de créer votre propre entreprise ? Votre entreprise existante se développe lentement à cause de la conjoncture économique ou du trop grand nombre de concurrents ? Bien sûr, tout entrepreneur souhaite préserver le temps et l'argent investis dans son affaire. Vous pouvez y parvenir en suivant les instructions ci-dessous.

D'abord, vous devez purifier les locaux de votre entreprise pour faire disparaître toutes les vibrations négatives passées en suivant la même procédure que pour nettoyer votre maison.

Rassemblez les éléments suivants un jeudi (ce jour de la semaine étant régi par Jupiter et lié à la réussite dans votre carrière), pendant la phase ascendante de la Lune :

- une bougie jaune enduite d'huile d'attraction ;
- une bougie verte enduite d'huile de réussite ;
- une bougie violette enduite d'huile de réussite ;
- du nettoyant d'attraction pour entreprise (si vous ne pouvez pas utiliser de racine de scille pour une raison quelconque, remplacez-la par 7,5 g de camomille, 7,5 g de basilic, 7,5 g de persil et 7,5 g de pivoine) ;
- deux magnétites ;
- de la racine de John le Conquérant ;

- des pièces de monnaie et des billets ;
- un morceau de racine de panicaut ;
- de la menthe.

Mettez les cinq derniers éléments dans un petit bol. Installez une petite table dans les locaux de votre entreprise, de préférence dans un coin à côté duquel personne ne passera. Sur cette table, disposez vos bougies et votre bol comme suit :

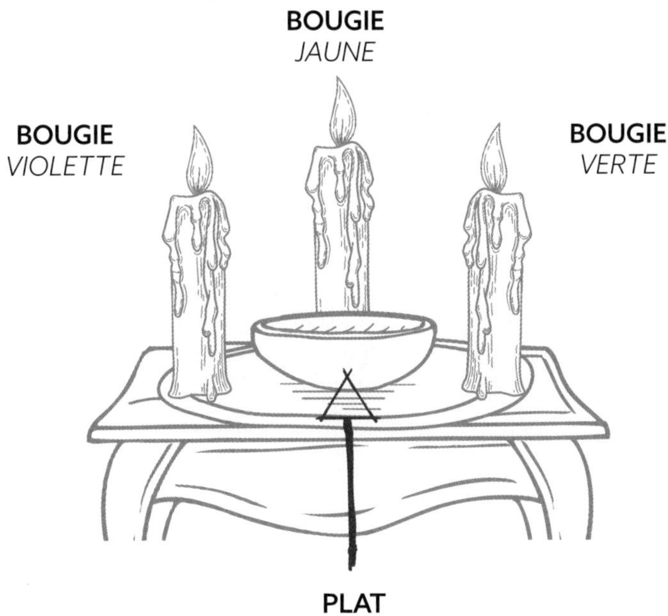

1. Allumez la bougie jaune tout en chantant ce qui suit :

L'aura d'attraction devient forte,
les clients affluant toute la journée.
En ces lieux leurs besoins sont comblés,
en harmonie avec nos souhaits.

Ici l'attraction est forte,
les clients affluant à présent toute la journée.

2. Allumez la bougie verte en chantant ce qui suit :

Grandissant encore et encore, constamment,
cette entreprise prospère, tous peuvent le voir.
Grandissant encore et encore, constamment,
cette entreprise a la prospérité.

3. Allumez la bougie violette tout en chantant ce qui suit :

De tous les endroits qu'il y a,
celui-ci se développe avec éclat,
travaillant pour le progrès gaiement,
chaque jour, nous le voyons clairement.

4. Laissez les bougies se consumer tout en commençant à utiliser votre nettoyant d'attraction pour entreprise. En préparant et en utilisant votre nettoyant, vous devez chanter ce qui suit :

Nous avons beaucoup de clients,
et même en excédent.
Ici les gens savent qu'ils sont bien traités,
avec grand soin et respect.
Et maintenant ils viennent ici rapidement,
nos clients que nous chérissons tant.

5. Laissez les bougies se consumer pendant une heure, puis éteignez-les dans l'ordre inverse où vous les avez allumées. Répétez le rituel chaque jeudi pendant la phase ascendante de la Lune.

Remarque : étant donné que vous souhaitez attirer les clients dans votre entreprise, il est recommandé de mettre des figurines représentant des personnes dans le bol.

N° 4 LE MAUVAIS ŒIL

Le mauvais œil, aussi appelé « regard malveillant », est bien connu de tous. Les anciens Celtes croyaient que les personnes qui portaient le mauvais œil étaient capables de dévaster des récoltes entières en un coup d'œil, ou bien de faire en sorte que les vaches se déshydratent et ne produisent plus de lait. Lorsqu'un individu ou un animal domestique tombait malade, on soupçonnait qu'un regard malveillant était posé sur lui.

De nos jours, le mauvais œil est aussi courant qu'il l'était il y a plusieurs siècles. En réalité, de nombreuses personnes le portent sans même en avoir conscience. Dans la Bible du roi Jacques, l'Évangile selon saint Marc (7:22-23) mentionne le mauvais œil comme l'une des choses sortant du cœur de l'homme et le souillant, probablement car ses racines sont l'envie, la jalousie et la possessivité, qui sont des émotions négatives.

D'après de vieilles croyances, les yeux envoient des rayons d'énergie. La force de cette énergie varie en fonction de la personne. Ainsi, le regard malveillant est transmis à un tiers lorsque l'énergie qui émane des yeux est négativement chargée de l'une des trois émotions mentionnées précédemment lorsque l'on regarde cet individu. Personne n'est véritablement à l'abri des malédictions du mauvais œil, car cette énergie négative touche les humains, les animaux et les objets. Nous entrons constamment en contact avec des personnes qui peuvent être envieuses de notre bonne fortune dans la vie. Par exemple, un collègue peut être jaloux en nous voyant gravir les échelons de la réussite professionnelle au lieu de rester à son niveau.

Nos sens naturels du toucher, du goût, de l'odorat et de l'ouïe ne sont pas programmés pour nous avertir lorsqu'une personne commence à nous porter le mauvais œil. Ce n'est qu'après des attaques répétées que l'esprit conscient se met à nous alerter sur le fait qu'il existe peut-être quelque chose de néfaste. L'un des symptômes les plus courants associés à un regard malveillant est une maladie bénigne, ce qui une fois encore rend la détection du mauvais œil difficile, car on ne suspecte pas qu'il en est la cause. Seules les personnes qui sont familiarisées avec la vision aurique peuvent effectivement voir ses effets sur l'aura, avant même que les maladies bénignes physiques ne surviennent. En dehors de ces symptômes physiques liés au mauvais œil et qui ne sont pas traités pendant un certain temps, la victime devient sujette à des accidents et à des blessures.

Le traitement du mauvais œil se fait en deux temps et s'avère relativement simple, bien qu'efficace. La première étape consiste à prendre un bain de purification spirituelle pour éliminer les énergies négatives que l'aura a déjà recueillies. La seconde étape consiste à porter une amulette avec des os en croix pour se protéger des attaques futures.

LE BAIN

Remplissez la moitié de votre baignoire avec de l'eau chaude. Versez-y une cuillerée à soupe de sel de mer béni et une cuillerée à soupe d'ammoniaque domestique claire. Au moment d'entrer dans la baignoire, prenez avec vous un petit bol, une petite coupe ou un petit verre pour vous verser de l'eau dessus. Ce faisant, imaginez votre aura être nettoyée de toutes les énergies négatives. Une fois que vous avez terminé, imaginez une lumière blanche vous envahir complètement, de la tête aux pieds. Laissez cette lumière blanche émaner de votre corps dans un rayon d'environ 90 cm et s'étendre au-delà de votre tête et de vos pieds. Alors que vous êtes toujours dans le bain, immergez-vous complètement dans l'eau toutes les trois minutes environ. Le bain de purification spirituelle doit durer neuf minutes et comporter trois immersions au total. En sortant de la baignoire, vous pouvez vous sécher les cheveux avec une serviette, mais il convient de laisser sécher votre peau à l'air libre. De cette manière, l'effet purifiant restera avec vous pendant vingt-quatre heures.

L'AMULETTE AVEC DES OS EN CROIX

Les os en croix, comme nous les appellerons, sont fabriqués sur votre autel. L'amulette en elle-même est faite à partir de deux petits os issus d'ailes de poulet. Les os de poulet absorbent et retiennent réellement la négativité. Ils sont liés ensemble à l'aide d'un fil noir de façon à former une croix solaire, qui est une croix équilatérale.

Utilisez la disposition de base de l'autel et prenez les éléments suivants :

- deux os ;
- du fil noir ;

- une bougie blanche ;
- un flacon d'huile de pouvoir ;
- de l'encens léger pour grigri.

Ensuite, procédez comme suit :

1. Allumez les bougies d'autel.
2. Allumez l'encens.
3. Allumez la bougie blanche enduite d'huile de pouvoir. Priez pour que la personne qui portera les os en croix gagne en développement spirituel et en éveil.
4. Commencez à lier les deux os à l'aide du fil noir tout en chantant ce qui suit :

Les os en croix travailleront ici
à absorber et à retenir la négativité.
Dans votre moelle,
ils entrent en vous ;
tout le mal et toute la négativité.

5. Consacrez l'amulette. Aspergez-la d'eau bénite tout en prononçant ce qui suit :

Avec l'eau je consacre cette amulette,
instrument qui absorbera et retiendra toute l'énergie négative
envoyée à son porteur.

Versez du sel sur l'amulette tout en affirmant ce qui suit :

Avec la terre je consacre cette amulette,
instrument qui absorbera et retiendra toute l'énergie négative
envoyée à son porteur.

Faites passer l'amulette à travers la flamme de la bougie tout en affirmant ce qui suit :

Avec le feu je consacre cette amulette,
instrument qui absorbera et retiendra toute l'énergie négative
envoyée à son porteur.

Faites passer l'amulette à travers la fumée d'encens tout en affirmant ce qui suit :

Avec l'air je consacre cette amulette,
instrument qui absorbera et retiendra toute l'énergie négative
envoyée à son porteur.

Une fois votre amulette consacrée, il convient de la porter au niveau de votre cœur, près de votre peau. Portez cette amulette quotidiennement jusqu'à ce qu'elle commence à peser lourd au niveau du chakra de votre cœur. Lorsque ce sentiment de lourdeur survient, vous devez arrêter de porter l'amulette. Les os en croix ont atteint leur capacité maximale en termes d'absorption d'énergie négative, comme une éponge qui ne peut absorber qu'une certaine quantité d'eau. Étant donné que l'énergie négative supplémentaire qui vous est envoyée ne sera pas en mesure de pénétrer dans les os, elle n'aura pas d'autre choix que de se fixer à votre aura. Une fois que l'amulette usagée est retirée, elle doit être jetée. Le moyen le plus sûr de le faire est par un rituel.

JETER L'AMULETTE USAGÉE

Utilisez la disposition de base de l'autel et prenez les éléments suivants :

- votre amulette usagée ;
- les restes de la bougie blanche utilisée lors de la fabrication de l'amulette ;
- une feuille de papier blanc.

Ensuite, procédez comme suit :

1. Allumez les bougies d'autel.
2. Allumez l'encens (de l'encens d'aura d'enchantement est conseillé).
3. Allumez la bougie blanche.
4. Aspergez la feuille de papier blanc d'eau bénite.
5. Placez l'amulette avec des os en croix sur la feuille de papier et enveloppez-la.
6. Prenez la bougie blanche et laissez la cire couler sur la feuille de papier jusqu'à ce qu'elle soit complètement fermée, tout en affirmant ce qui suit :

Os en croix, vous m'avez bien servi,
car l'énergie négative en vous grossit.
Il est temps de vous laisser vous reposer
car vous avez fait tout ce que vous pouviez.

7. Lorsque la feuille de papier est complètement recouverte de cire, l'amulette peut être jetée à la poubelle. Ensuite, il convient de prendre un bain.

N° 5

SORTS TRADITIONNELS ET DIVERS

CONTRÔLER QUELQU'UN

Prenez une racine haute de John le Conquérant et enduisez-la d'huile de John le Conquérant. Sur un bout de papier marron, écrivez le nom de la personne que vous souhaitez contrôler ou conquérir. Trempez le bout de papier dans de l'huile de contrôle. Une fois que le bout de papier est sec, enroulez-le autour de la racine haute de John le Conquérant et attachez-le avec du fil violet.

LIER UN AMANT

Prenez un petit miroir dans lequel votre amant s'est regardé. Sans vous regarder dedans, brisez-le en petits morceaux. Enterrez le miroir brisé dans votre jardin ou dans un pot de fleurs que vous garderez à l'intérieur de votre maison. Chaque vendredi, versez du thé à base de jatamansi à l'endroit où est enterré le miroir brisé tout en répétant le nom de votre amant.

CHASSER UN ENNEMI

Prenez un petit pot. Écrivez neuf fois le nom de votre ennemi sur un bout de papier et mettez ce dernier dans le pot. Remplissez le pot de vinaigre des quatre voleurs et jetez-le dans une rivière.

RENDRE UN HOMME AMOUREUX

Certaines femmes ont pour habitude de mettre un peu de leur sang menstruel dans la nourriture de l'homme qu'elles aiment.

VAINCRE UN ENNEMI

Prenez une bougie marron et inscrivez trois fois le nom de votre ennemi dessus. Placez la bougie dans un bol rempli de cassonade. Allumez la bougie et affirmez ce qui suit : « Ton hostilité, je vaincrai. D'ici neuf jours, ton amitié est mienne. » Effectuez ce sort avant d'aller vous coucher. Laissez la bougie se consumer pendant que vous dormez. Le lendemain matin, prenez ce qu'il reste de la cire de bougie et la cassonade et jetez le tout dans le jardin de votre ennemi. Répétez le sort pendant neuf jours consécutifs, sans sauter un seul jour.

TRAVAILLER AVEC DES LAMPES MAGIQUES

Les lampes utilisées pour confectionner des lampes magiques sont des lampes-tempête, ou lampes à pétrole. Comme les grigris, les lampes magiques sont fabriquées à des fins diverses. Le combustible de base utilisé pour fabriquer ces lampes est un mélange d'huile de ricin, d'huile d'olive et de pétrole. Ici, vous utiliserez deux tiers de pétrole pour un tiers de mélange d'huiles. À ce combustible de base sont ajoutés d'autres ingrédients, qui sont analogues au travail effectué. En l'occurrence, vous intégrerez divers éléments comme des aimants, des huiles essentielles, des herbes, du poivre, du vin rouge, etc.

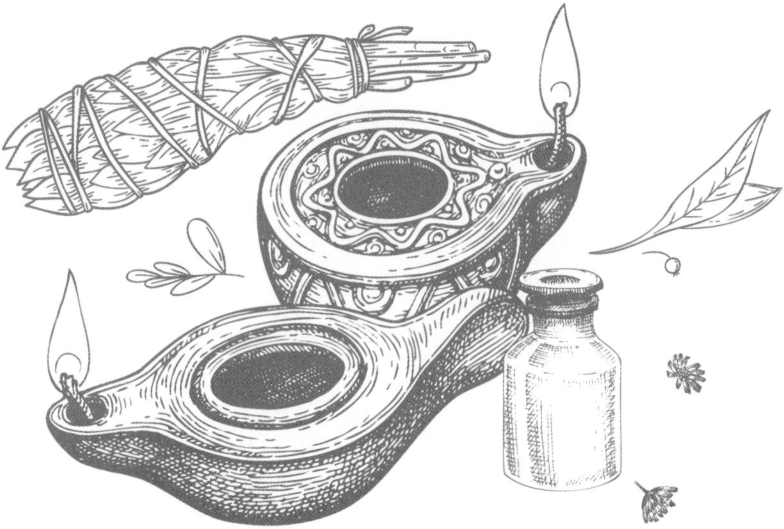

Lorsqu'elles sont correctement fabriquées, les lampes magiques donnent d'excellents résultats. Les effets obtenus en travaillant avec des lampes sont meilleurs lorsque des prières sont récitées au moment où vous remplissez de nouveau la lampe. Une fois la lampe allumée, il est impossible de l'éteindre avant d'avoir obtenu satisfaction. Si un remplissage de la lampe-tempête n'est pas nécessaire pendant que vous récitez votre prière, il convient de déplacer la lampe de manière circulaire, dans le sens des aiguilles d'une montre, tout en répétant votre désir. Depuis toujours, pour les personnes de confession catholique, la prière à utiliser avec la lampe s'adresse à un saint en particulier. Toutefois, une personne de confession païenne peut tout à fait utiliser sa propre prière invoquant l'aide d'un dieu païen ou d'une déesse païenne.

LA LAMPE DE SANTÉ

Cette lampe, comme toutes les autres, contiendra un mélange liquide universel ainsi qu'un aimant et un objet appartenant à la personne à qui la lampe est destinée, ou à défaut un bout de papier sulfurisé découpé en forme de croix, avec le nom de la personne inscrit dessus. Vous placerez l'objet ou le bout de papier sulfurisé au fond de la lampe et vous verserez votre combustible sur ce dernier et sur l'aimant. Étant donné que cette lampe est créée à des fins de santé, vous y ajouterez d'autres éléments, à savoir un flacon d'huile d'attraction de santé et une demi-cuillerée à café de brunelle commune, de menthe poivrée, d'eucalyptus, etc. Dans tous les cas, il convient de combiner cinq herbes de guérison différentes, ou bien quatre herbes de guérison et de la potentille. La prière utilisée est adressée à Notre-Dame de Lourdes (comme le font les Français) ou à saint Joseph (comme le font les Italiens).

Pour utiliser correctement la lampe, sa flamme ne doit pas être éteinte une fois qu'elle est allumée. Il convient également de la secouer dans le sens des aiguilles d'une montre pendant que vous récitez votre prière et que vous énoncez votre désir, de façon à faire bouger les éléments se trouvant à l'intérieur dans le sens des aiguilles d'une montre. Encore une fois, vous devez procéder de cette manière quotidiennement, jusqu'à ce que vous obteniez satisfaction.

LA LAMPE D'AMOUR

Ajoutez les éléments suivants à votre combustible de base : un flacon d'huile d'attraction d'amour et cinq herbes associées à l'amour, ou quatre herbes associées à l'amour et de la potentille. Récitez une prière à sainte Anne.

LA LAMPE DE JUSTICE

Cette lampe est idéale en cas de procédures judiciaires et pour les questions d'ordre juridique. Ajoutez les éléments suivants : de la racine de galanga, de la patience crépue, de la racine de panicaut, de l'œillet et de la potentille, ainsi qu'un flacon d'huile de juge amical. Récitez une prière à saint Basile.

LA LAMPE DE RÉUSSITE

Ajoutez les éléments suivants à cette lampe : un flacon d'huile de réussite et cinq herbes associées à la réussite, ou quatre herbes associées à la réussite et de la potentille. Récitez une prière à saint Antoine.

LA LAMPE DE PROTECTION

Ajoutez un flacon d'huile de protection et cinq herbes possédant des qualités protectrices, ou quatre herbes possédant des qualités protectrices et de la potentille. Priez l'ange gardien, saint Michel ou sainte Barbe.

LA LAMPE D'AIDE RAPIDE

Ajoutez un flacon d'huile de vie chanceuse et cinq herbes associées à la réussite, ou quatre herbes associées à la réussite et de la potentille. Priez saint Expédit pour solliciter son aide.

LA LAMPE DE FOYER PAISIBLE

Ajoutez du baume du commandeur, un flacon d'huile de foyer paisible, de la passiflore, du miel, du gui, des fleurs de jasmin, de la racine d'iris et de la racine de John le Conquérant. Demandez son aide à saint Raymond. Il convient de prier ce saint alors que vous formulez votre souhait.

LA LAMPE D'AUTO-AMÉLIORATION

Ajoutez un flacon d'huile de bénédiction et cinq herbes liées à la réussite. Priez sainte Marie-Madeleine pour solliciter son aide alors que vous affirmez votre désir.

LA LAMPE DE TRAVAIL

Cette lampe est utilisée lorsqu'une personne recherche un emploi. Vous devrez ajouter à cette lampe un objet associé au type de travail que vous recherchez. Par exemple, intégrez des clous pour un travail de menuisier, des médicaments de base pour un travail en milieu hospitalier, etc. Vous pouvez même utiliser une photographie liée au type de travail que vous recherchez. Ajoutez également un flacon d'huile d'attraction et quatre herbes associées à la réussite. Priez saint Joseph alors que vous formulez votre demande d'emploi.

Remarque : certains praticiens ajoutent du colorant alimentaire au combustible pour lui donner une couleur correspondant à leur désir. Utilisez du rose ou du rouge pour l'amour, du violet pour le travail, du bleu clair pour la protection, du rouge pour la santé, de l'orange pour la réussite, etc.

LE POT DE DOUCEUR

Sur un bâtonnet de glace, écrivez votre prénom et votre nom. Surl'autre face du bâtonnet, écrivez le prénom et le nom d'une autre personne. Munissez-vous d'un pot suffisamment grand pour y mettre le bâtonnet de glace, puis remplissez-le avec de l'eau, du miel et du sucre. Refermez bien le couvercle du pot de façon à ce que son contenu ne puisse pas se déverser. Dans votre esprit, créez une image mentale claire de la personne dont vous avez écrit le nom sur le bâtonnet. Secouez le pot tandis que vous chantez ce qui suit trois, cinq, sept ou neuf fois :

De douces, douces pensées pour moi,
constamment tu auras.

Selon certaines croyances, à chaque fois que vous secouerez le pot, la personne dont le nom est inscrit sur le bâtonnet aura de douces pensées pour vous.

RITUEL DE PROSPÉRITÉ DU JOUR DE L'AN

Dans le sud de la Louisiane, on mange traditionnellement du chou, des doliques à œil noir et du riz pour le jour de l'an. Le soir de la saint Sylvestre, une fois que les plats ont été nettoyés et rangés, la table de la cuisine est organisée d'une manière particulière. Un billet d'un dollar et une pièce d'un dollar en argent sont posés dessus. Une bougie verte enduite d'huile d'attraction d'argent est ensuite placée sur cet argent. Autour de l'argent et de la bougie, du chou, des doliques à œil noir, du riz, du sel et d'autres condiments sont disposés. Tous ces ingrédients seront ensuite utilisés pour cuisiner le repas du jour de l'an. Un cercle de sel est tracé autour de la nourriture et de la bougie. Cette dernière est allumée et se consume toute seule. Pendant que la bougie brûle, des prières pour la prospérité pour le jour de l'an sont récitées. Tous les éléments mentionnés précédemment sont laissés sur la table pendant la nuit, car on pense que l'esprit de la nouvelle année bénira la nourriture lorsqu'il passera devant.

Le jour de l'an, alors que le chou est coupé pour être cuisiné, un petit morceau de feuille de chou (généralement la feuille verte extérieure) est enveloppé dans du papier ciré et donné aux membres de la famille pour qu'ils puissent le transporter dans leur portefeuille ou leur sac à main, ou même le placer sous leur matelas pour le reste de l'année. La pièce en argent est cuite avec le chou. Une fois que le chou est cuit, cette pièce est conservée pour pouvoir la réutiliser l'année suivante. Certaines familles mettent une pièce de dix centimes avec le chou, car ils pensent que la personne qui trouvera cette pièce dans son assiette au cours du repas aura plus de chance pendant l'année à venir.

Le sel qui a été utilisé pour tracer un cercle autour de la nourriture et de la bougie est finalement jeté devant la porte d'entrée de la maison pour chasser la malchance.

ÉCARTER UN RIVAL

Achetez une langue de bœuf et incisez-la. Sur un bout de papier, écrivez neuf fois le nom de votre amant et le nom de la personne que vous suspectez d'être un rival. Insérez ce bout de papier dans l'entaille que vous avez créée dans la langue de bœuf. Saupoudrez le tout d'un mélange de poivre et de chicorée moulue. Prenez neuf épingles neuves et refermez l'entaille créée dans la langue de bœuf. Mettez la langue au four et faites-la rôtir tout en chantant ce qui suit :

(nom de l'amant),
tu ne seras plus jamais
avec (nom du rival),
je te le dis.
L'amertume entre vous deux
gâche cet amour
que tu crois vrai.
Alors que cette langue de bœuf
est bien cuisinée,
la fin de votre romance
a commencé.

Répétez ce chant trois, cinq, sept ou neuf fois, tandis que vous voyez dans votre esprit votre amant et votre rival prendre des chemins différents. Une fois que votre amant aura mangé cette langue, le sort commencera à faire effet. Jetez les restes pour les faire pourrir.

RECETTES

ENCENS
HUILES
POUDRES
NETTOYANTS

LES ENCENS

De nombreux écrits anciens indiquent clairement que l'encens a de tout temps été utilisé dans le cadre de pratiques religieuses et magiques à travers le monde entier. Les peuples anciens croyaient que certains parfums avaient la capacité d'attirer les bons esprits et de chasser les mauvais. De l'encens était brûlé non seulement pour purifier un endroit dédié à un dieu, mais aussi pour neutraliser l'odeur déplaisante qui émanait des offrandes brûlées.

D'après une vieille croyance, les prières étaient transmises aux dieux par la fumée ascendante de l'encens. Cette même croyance était partagée par de nombreuses tribus amérindiennes en ce qui concernait leur calumet de la paix sacré. Selon moi, le calumet de la paix amérindien représentait un moyen de brûler de l'encens pendant les cérémonies, car les tribus mélangeaient souvent des herbes avec un peu de tabac. De nos jours, l'encens permet en outre de créer une atmosphère plus propice à la méditation et aux prières pieuses.

Les recettes d'encens présentées ci-après sont brûlées de la manière traditionnelle, c'est-à-dire sur un charbon de bois ardent dans votre encensoir. Pour préparer de l'encens, réduisez en poudre tous les ingrédients solides et mélangez-les bien à l'aide d'un pilon et d'un mortier. Mélangez tous les ingrédients liquides et dissolvez le salpêtre dedans. Ensuite, incorporez délicatement les ingrédients liquides à vos herbes réduites en poudre, avant de répandre le mélange dans un moule en tôle ou dans un récipient en plastique et de le laisser sécher entre trente minutes et une heure. Une fois que le mélange est sec, émiettez-le et votre encens sera prêt !

TEINTURE DE BENJOIN

Dans les recettes suivantes, vous utiliserez de la teinture de benjoin. Pour la préparer vous-même, réduisez en poudre 60 g de benjoin et ajoutez 120 ml d'eau et 350 ml d'alcool. Conservez ensuite ce mélange dans un récipient fermé hermétiquement pendant deux semaines et secouez-le quotidiennement. Si vous le souhaitez, vous pouvez ajouter une cuillerée à café de glycérine. Au bout de deux semaines, filtrez et mettez le liquide dans un flacon en vue de son utilisation.

ENCENS D'APAISEMENT DE LA COLÈRE

Utilisez cet encens dans des rituels destinés à calmer des personnes en colère ou agressives, à sauver des mariages malheureux, etc. Vous pouvez également en brûler régulièrement dans votre maison pour inciter les membres de votre famille à coopérer les uns avec les autres. **Pour préparer cet encens, utilisez les ingrédients suivants :**

- 30 g de passiflore en poudre ;
- 30 g de racine d'iris en poudre ;
- 15 g de pétales de roses en poudre ;
- 15 g de cassonade foncée ;
- une pincée de salpêtre ;
- 3,5 ml de miel ;
- 7 ml de teinture de benjoin.

ENCENS D'ATTRACTION D'AMOUR

Utilisez cet encens dans vos rituels visant à attirer et à retenir un amour. Vous pouvez également en brûler régulièrement pour maintenir une aura d'amour autour de votre maison. **Pour préparer cet encens, utilisez les ingrédients suivants :**

- 30 g de pétales de roses ;
- 7,5 g de racine d'acore ;
- 15 g de cannelle ;
- 7,5 g de graines d'anis ;
- 7,5 g d'oliban ;
- 30 g de santal en poudre ;
- une pincée de salpêtre ;
- 3,5 ml d'huile de séduction ;
- 7 ml de teinture de benjoin.

ENCENS D'AURA D'ENCHANTEMENT

Vous pouvez utiliser cet encens pour vos méditations et vos prières quotidiennes. **Pour le préparer, utilisez les ingrédients suivants :**

- 7,5 g de myrique ;
- 15 g de santal en poudre ;
- 30 g d'oliban ;
- 7,5 g de graines d'anis ;
- 7,5 g de myrrhe en poudre ;
- une pincée de salpêtre ;
- 3,5 ml d'huile de gardénia ;
- 7 ml de teinture de benjoin.

ENCENS D'ÉCLAT DE SANTÉ

Cet encens est utilisé dans des rituels visant à attirer ou à conserver une bonne santé. **Pour le préparer, utilisez les ingrédients suivants :**

- 15 g de myrique ;
- 30 g de santal en poudre ;
- 30 g de pétales d'œillets ;
- 15 g de pétales de roses ;
- une pincée de salpêtre ;
- 7 ml de teinture de benjoin ;

ENCENS D'OR DU LEPRECHAUN

Pour attirer la chance, utilisez les ingrédients suivants :

- 30 g de cannelle ;
- 30 g de santal en poudre ;
- 7,5 g d'oliban en poudre ;

- 7,5 g de myrique ;
- 15 g de graines d'anis ;
- 15 g de zestes d'orange ;
- une pincée de salpêtre ;
- 3,5 ml d'huile de Van Van de Louisiane ;
- 7 ml de teinture de benjoin.

ENCENS DE BON VOYAGE

Utilisez cet encens dans des rituels visant à chasser les personnes qui vous dérangent. Vous pouvez également l'utiliser dans des rituels destinés à mettre un terme à des relations non désirées. **Pour préparer cet encens, utilisez les ingrédients suivants :**

- 30 g de poudre de jalap ;
- 15 g de romarin ;
- 7,5 g de feuilles de patchouli ;
- une cuillerée à soupe de soufre ;
- trois cuillerées à soupe de gingembre ;
- une pincée de salpêtre ;
- 7 ml de teinture de benjoin.

ENCENS DE CERCLE DE PROTECTION

Cet encens est à utiliser dans des rituels visant à protéger une personne, une maison ou les locaux d'une entreprise contre de mauvaises influences. **Pour le préparer, utilisez les ingrédients suivants :**

- 30 g de santal en poudre ;
- 15 g de potentille en poudre ;
- 7,5 g d'oliban en poudre ;
- 7,5 g de zestes d'orange ;

- une pincée de salpêtre ;
- 3,5 ml d'huile de gardénia ;
- 7 ml de teinture de benjoin.

ENCENS DE DÉCROISEMENT

Il s'agit d'un encens de décroisement de base. Certains praticiens recommandent de le brûler à proximité d'une fenêtre ouverte pendant neuf nuits consécutives. **Pour préparer cet encens, utilisez les ingrédients suivants :**

- 15 g d'oliban en poudre ;
- 30 g de sang de dragon en poudre ;
- 30 g de santal en poudre ;
- une pincée de salpêtre ;
- 3,5 ml d'huile de gardénia ;
- 7 ml de teinture de benjoin.

ENCENS DE GLOIRE GRANDISSANTE

Utilisez cet encens dans des rituels visant à attirer la réussite et la prospérité désirées dans vos entreprises. **Pour préparer cet encens, utilisez les ingrédients suivants :**

- 15 g de santal en poudre ;
- 30 g de cannelle ;
- 15 g d'oliban ;
- 7,5 g de myrrhe ;
- 7,5 g de racine d'iris ;
- 3,5 ml d'huile d'attraction ;
- 7 ml de teinture de benjoin.

ENCENS DE PLUIE D'OR

Cet encens est à utiliser dans des rituels relatifs à des questions d'argent et de prospérité. **Pour le préparer, utilisez les ingrédients suivants :**

- 30 g de myrique ;
- 30 g de santal en poudre ;
- 30 g d'oliban en poudre ;
- 7,5 g de myrrhe en poudre ;
- une pincée de salpêtre ;
- 3,5 ml d'huile de cannelle ;
- 7 ml de teinture de benjoin.

ENCENS DE RÊVES DE PROPHÉTIE

Utilisez cet encens dans des rituels destinés à favoriser des rêves prophétiques. Vous pouvez également en brûler lorsque vous pratiquez la divination ou que vous tentez une projection astrale. **Pour préparer cet encens, utilisez les ingrédients suivants :**

- 15 g de santal en poudre ;
- 7,5 g de myrique ;
- 15 g de pétales de roses ;
- 7,5 g de lavande ;
- 7,5 g de racine d'iris en poudre ;
- 30 g de zestes de citron ;
- une pincée de salpêtre ;
- 3,5 ml d'huile d'oliban ;
- 7 ml de teinture de benjoin.

ENCENS DU DIABLE QUI S'EN VA

Utilisez cet encens dans des rituels d'exorcisme. Vous pouvez vous en servir pour éliminer des pensées négatives dans un bâtiment et de lourdes vibrations négatives. **Pour préparer cet encens, utilisez les ingrédients suivants :**

- une pincée d'ase fétide en poudre ;
- 30 g d'oliban en poudre ;
- 15 g de romarin en poudre ;
- une cuillerée à soupe de vanilline en poudre ;
- 7,5 g de poudre de jalap ;
- 7,5 g de feuilles de basilic ;
- une pincée de salpêtre ;
- 3,5 ml d'huile de décroisement ;
- 7 ml de teinture de benjoin.

ENCENS LÉGER POUR GRIGRI

Cet encens peut être utilisé dans des rituels visant à anéantir la capacité d'un ennemi à vous nuire. Vous pouvez également l'utiliser comme encens de décroisement. **Pour préparer cet encens, utilisez les ingrédients suivants :**

- 30 g de santal en poudre ;
- 15 g de feuilles de laurier en poudre ;
- 15 g de graines d'aneth en poudre ;
- une cuillerée à café d'ase fétide ;
- une pincée de salpêtre ;
- 3,5 ml d'huile de décroisement ;
- 7 ml de teinture de benjoin ;

N° 7

LES HUILES D'ONCTION

Les huiles parfumées à base de fleurs et d'herbes jouent toujours un rôle extrêmement important dans le monde de la magie. Les peuples anciens pensaient que certaines odeurs avaient divers effets sur les personnes et les objets. De ce fait, la pratique de l'onction avec des huiles parfumées s'est imposée dans les cérémonies religieuses et magiques.

Lorsque vous appliquez l'huile, il est essentiel de vous concentrer sur l'effet que cette huile est censée avoir. Après vous être concentré sur l'effet escompté, touchez la personne ou l'objet avec votre main dominante et imaginez une lumière blanche entourer complètement cette personne ou cet objet.

Pour préparer votre propre huile d'onction, commencez par une base d'huile végétale de qualité. Vous pouvez par exemple opter pour de l'huile d'olive vierge. Sinon, vous pouvez utiliser du dipropylène glycol. Dans un mortier, versez 60 ml d'huile. Ajoutez ensuite deux cuillerées à soupe de votre herbe ou de votre mélange, puis écrasez votre herbe ou votre mélange d'herbes dans l'huile à l'aide d'un pilon. Conservez votre flacon d'huile pendant trois jours dans un endroit sombre que vous aurez consacré au préalable. Le quatrième jour, sentez votre huile pour voir si elle s'est imprégnée de l'odeur de l'herbe, du mélange d'herbes ou de la fleur. Si l'huile a une faible odeur, utilisez une étamine pour la filtrer. Ajoutez deux cuillerées à soupe supplémentaires de votre herbe, de votre mélange d'herbes ou de votre fleur à l'huile. Si nécessaire, ajoutez un peu d'huile d'olive pour ramener la quantité d'huile à 60 ml. Conservez votre huile trois jours de plus. Répétez l'opération jusqu'à ce que l'odeur de l'huile soit aussi intense que vous le souhaitez. Avec certains mélanges d'herbes présentés dans les recettes ci-après, les trois premiers jours suffiront pour produire une huile fortement parfumée. En revanche, certaines fleurs et certaines herbes ont une faible odeur, ce qui vous obligera à répéter le processus.

Un poème énonçant la raison pour laquelle l'huile est préparée est traditionnellement chanté chaque soir, jusqu'à ce que l'huile soit prête. Lorsque vous chantez, mettez vos deux mains au-dessus de l'huile, les paumes vers le bas, et dirigez votre énergie pour qu'elle passe dans l'huile. Une fois que vous avez fini de préparer votre huile, chantez votre poème une dernière fois pendant que vous filtrez l'herbe, le mélange d'herbes ou la fleur de l'huile.

Pour certaines des recettes d'huiles d'onction présentées dans cet ouvrage, il est nécessaire d'introduire un morceau de racine, une herbe supplémentaire ou une magnétite dans le flacon une fois que l'huile est prête. Pour d'autres, introduire une racine, une herbe supplémentaire ou une magnétite est facultatif. La recette le mentionnera le cas échéant.

Toutes les huiles d'onction présentées dans ce livre sont idéales pour enduire des bougies. Certains praticiens les utilisent à d'autres fins. Cela sera mentionné dans la recette le cas échéant.

Dans certaines des recettes ci-après, des fleurs de gardénia sont utilisées. Ces plantes poussent bien en Louisiane en raison du climat subtropical de la région. Si pour une raison ou une autre vous ne pouvez pas vous procurer des fleurs de gardénia dans votre zone géographique, ou si celles-ci coûtent trop chères, vous pouvez les remplacer par des fleurs de jasmin.

Dans toutes les recettes d'huiles ci-dessous, quelques gouttes de teinture de benjoin peuvent être ajoutées pour empêcher votre huile de rancir.

HUILE D'ATTRACTION

Appliquez un peu de cette huile sur votre front, au-dessous de votre cœur et au-dessus de votre nombril si vous recherchez un partenaire. Versez-en quelques gouttes dans l'eau de votre bain une fois par semaine pour avoir une personnalité plus magnétique. Enfin, mettez-en dans vos chaussures pour attirer la chance.

Pour préparer cette huile, mélangez de la livèche et des zestes de citron ou des fleurs de citron en quantités égales. Incorporez deux cuillerées à soupe de ce mélange à 60 ml d'huile. Introduisez un petit morceau de magnétite dans chaque flacon d'huile.

HUILE D'ATTRACTION D'AMOUR

Cette huile est réputée permettre d'attirer un amant. En tant que parfum, appliquez-en sur votre front, sur votre cœur et sur vos parties génitales.

Pour préparer cette huile, deux options s'offrent à vous :

1. Incorporez deux cuillerées à soupe de jasmin, de rose rouge ou de lavande à 60 ml d'huile. Introduisez un petit morceau de racine d'iris dans chaque flacon d'huile.

2. Mélangez de la cannelle et le double de pétales de roses rouges. Incorporez deux cuillerées à soupe de ce mélange à 60 ml d'huile. Introduisez un petit morceau de racine d'iris dans chaque flacon d'huile.

HUILE D'ATTRACTION D'ARGENT

Versez quotidiennement un peu de cette huile dans votre porte-feuille ou votre sac à main. Elle est réputée permettre de doubler votre quantité d'argent si vous enduisez les quatre coins de vos billets. Lorsque vous avez rendez-vous pour demander un prêt, enduisez vos talons de cette huile avant de partir de chez vous.

Pour préparer cette huile, mélangez de l'oliban, de la myrrhe et du santal en quantités égales. Incorporez deux cuillerées à soupe de ce mélange à 60 ml d'huile. Introduisez un peu de myrique dans chaque flacon d'huile.

HUILE D'ATTRACTION DE SANTÉ

Cette huile est généralement appliquée sur le front d'un malade.

Pour préparer cette huile, incorporez deux cuillerées à soupe de rose, d'œillet, de gardénia, de zestes de citron ou de fleurs de citron à 60 ml d'huile.

HUILE DE BÉNÉDICTION

Utilisez cette huile pour purifier ou bénir votre autel, vos chandeliers, votre encensoir, etc.

Pour préparer cette huile, mélangez du benjoin et le double d'oliban. Incorporez deux cuillerées à soupe de ce mélange à 60 ml d'huile.

HUILE DE CHANCE DU JOUEUR

Appliquez cette huile sur des charmes destinés à vous porter chance dans les jeux d'argent. Vous pouvez également en mettre sur vos paumes avant de jouer. Enduisez chaque coin de votre carte de loto de cette huile avant que le tirage ne commence. Versez-en dans vos chaussures avant de vous rendre au champ de courses.

Pour préparer cette huile, mélangez des pétales d'œillets et des graines d'anis en quantités égales, et le triple de cannelle. Incorporez deux cuillerées à soupe de ce mélange à 60 ml d'huile. Introduisez un petit morceau de racine haute de John le Conquérant dans chaque flacon d'huile.

HUILE DE CŒUR HEUREUX

Cette huile est réputée permettre d'attirer le bonheur et des vibrations positives.

Pour préparer cette huile, incorporez deux cuillerées à soupe de fleurs de wisteria à 60 ml d'huile.

HUILE DE CONFUSION

Utilisez cette huile dans des rituels destinés à troubler un ennemi qui tente de vous blesser.

Pour préparer cette huile, mélangez du poivre de Guinée et le double de rue. Incorporez deux cuillerées à soupe de ce mélange à 60 ml d'huile.

HUILE DE CONTRÔLE

Versez trois gouttes de cette huile sur les chaussures de quelqu'un d'autre. Pour contrôler davantage une situation ou une personne, écrivez cette situation ou le nom de cette personne sur un bout de papier, puis placez le bout de papier sous une bougie violette enduite de cette huile. Allumez quotidiennement la bougie jusqu'à ce qu'elle soit consumée, et votre domination sur la situation ou la personne en question devrait prendre effet.

Pour préparer cette huile, incorporez deux cuillerées à soupe d'acore à 60 ml d'huile.

HUILE DE COURAGE

Versez neuf gouttes de cette huile dans l'eau de votre bain lorsque vous postulez un emploi ou que vous demandez une augmentation à votre patron. En tant que parfum, appliquez un peu de cette huile dans votre cou, au-dessous de votre cœur et au-dessus de votre nombril pour dissiper vos craintes et votre timidité.

Pour préparer cette huile, mélangez du romarin, de la potentille et des pétales de gardénias en quantités égales. Incorporez deux cuillerées à soupe de ce mélange à 60 ml d'huile. Introduisez un petit morceau de racine haute de John le Conquérant dans chaque flacon d'huile.

HUILE DE DÉCROISEMENT

Pour préparer cette huile, mélangez de la potentille et le double de santal, de feuilles de patchouli et de myrrhe. Incorporez deux cuillerées à soupe de ce mélange à 60 ml d'huile. Ajoutez une pincée de sel béni et huit gouttes d'ammoniaque domestique à chaque flacon de 30 ml d'huile. Secouez bien la préparation avant chaque utilisation.

HUILE DE FAILLITE

Cette huile est réputée permettre de forcer un ennemi à se ruiner. Utilisez-la dans des rituels visant à obliger une personne à dépenser son argent. Vous pouvez également appliquer cette huile sur des charmes destinés à porter malchance. Enfin, placez un peu de cette huile dans une entreprise pour que cette dernière fasse faillite.

Pour préparer cette huile, incorporez deux cuillerées à soupe de griffe du diable en poudre à 60 ml d'huile. Vous pouvez également introduire un petit morceau de griffe du diable dans chaque flacon d'huile, mais ce n'est pas obligatoire.

HUILE DE FIN DES AVENTURES

Cette huile est réputée assurer la fidélité d'un ou d'une partenaire. Versez-en dans l'eau du bain de votre partenaire. Mettez-en dans ses chaussures. Répandez-en sur ses draps.

Pour préparer cette huile, mélangez des fleurs de tilleul et de la yerba mate en quantités égales, et le double de jatamansi. Incorporez deux cuillerées à soupe de ce mélange à 60 ml d'huile. Vous pouvez également introduire un petit morceau de racine de magnolia dans chaque flacon d'huile, mais ce n'est pas obligatoire.

HUILE DE JUGE AMICAL

Cette huile est utilisée pour des questions relatives aux tribunaux et aux avocats. Versez un peu de cette huile dans l'eau de votre bain pendant les trois jours précédant la date d'audience. En tant que parfum, appliquez un peu de cette huile sur vos bras, sur votre poitrine et dans votre cou le jour de l'audience. Mettez-en sur vos doigts avant de signer des documents juridiques.

Pour préparer cette huile, mélangez des graines d'anis et de la cannelle en quantités égales, et le double de pétales d'œillets. Incorporez deux cuillerées à soupe de ce mélange à 60 ml d'huile. Introduisez un petit morceau de racine de galanga dans chaque flacon d'huile.

HUILE DE MAISON PAISIBLE

Versez neuf gouttes de cette huile dans un bol d'eau et répandez le tout aux quatre coins de la maison pour apaiser les tensions entre les membres du foyer. Enduisez une bougie blanche de cette huile et allumez-la quotidiennement avec un peu d'encens de cercle de protection.

Pour préparer cette huile, mélangez des graines de cumin et le double de pétales de roses blanches. Incorporez deux cuillerées à soupe de ce mélange à 60 ml d'huile.

HUILE DE MAÎTRESSE DE LA MAISON

Cette huile est utilisée par les femmes qui souhaitent diriger au sein du foyer. Versez-en sur les chaussures ou sur les vêtements de votre partenaire pour contrôler ses actions.

Pour préparer cette huile, incorporez deux cuillerées à soupe d'acore à 60 ml d'huile. Introduisez un petit morceau de griffe du diable dans chaque flacon d'huile.

HUILE DE MALÉDICTION

Utilisez-la sur des bougies ou des charmes utilisés dans des rituels visant à maudire quelqu'un.

Pour préparer cette huile, mélangez de l'absinthe et du passerage champêtre en quantités égales. Incorporez deux cuillerées à soupe de ce mélange à 60 ml d'huile. Vous pouvez également introduire un petit morceau de racine de lierre terrestre dans chaque flacon d'huile, mais ce n'est pas obligatoire.

HUILE DE PENSÉES PAISIBLES

Cette huile est utile dans les rituels visant à favoriser des pensées paisibles. Appliquez-en sur votre front et sur vos tempes. Vous pouvez également vous en servir au moment de commencer une méditation.

Pour préparer cette huile, mélangez de la lavande, du romarin et de la gaulthérie couchée en quantités égales. Incorporez deux cuillerées à soupe de ce mélange à 60 ml d'huile.

HUILE DE POUVOIR

Cette huile est réputée permettre d'accroître le pouvoir personnel. Appliquez-en sur votre front, dans votre cou, sur votre sternum et au-dessus de votre nombril. Cette huile est utile dans les rituels destinés à accroître votre pouvoir personnel dans n'importe quelle situation. Mettez-en sur des charmes pour le développement psychique et spirituel.

Pour préparer cette huile, mélangez de l'oliban et du zeste de citron ou des fleurs de citron en quantités égales. Incorporez deux cuillerées à soupe de ce mélange à 60 ml d'huile.

HUILE DE PROTECTION

Portez cette huile comme un parfum. Appliquez-en sur votre front, dans votre cou et sur votre sternum. Mettez-en sur des charmes ou servez-vous-en dans des rituels destinés à protéger du mal.

Pour préparer cette huile, mélangez du santal, des feuilles de patchouli et des pétales de gardénias en quantités égales. Incorporez deux cuillerées à soupe de ce mélange à 60 ml d'huile. Ajoutez une pincée de sel béni à chaque flacon d'huile.

HUILE DE PROTECTION DE LA MAISON

Appliquez cette huile sur des charmes destinés à protéger une maison du mal. Versez-en autour de la maison pour tenir les mauvaises influences à distance.

Pour préparer cette huile, mélangez de la potentille, du santal, des pétales de gardénias et du pourpier en quantités égales. Incorporez deux cuillerées à soupe de ce mélange à 60 ml d'huile. Ajoutez une pincée de sel béni à chaque flacon d'huile.

HUILE DE RÉUSSITE

Pour préparer cette huile, mélangez de la cannelle et du zeste de citron ou des fleurs de citron en quantités égales, et le double de santal, de potentille et d'oliban. Incorporez deux cuillerées à soupe de ce mélange à 60 ml d'huile. Vous pouvez également introduire un petit morceau de racine haute de John le Conquérant dans chaque flacon d'huile, mais ce n'est pas obligatoire.

HUILE DE RÊVES

Versez quelques gouttes de cette huile sur votre oreiller avant de vous coucher. Appliquez un peu de cette huile sur votre front, dans votre cou et au-dessous de votre cœur lorsque vous l'utilisez dans le cadre de rituels pour favoriser des rêves prophétiques ou une projection astrale.

Pour préparer cette huile, mélangez du zeste de citron ou des fleurs de citron, de l'oliban et de la myrrhe en quantités égales. Incorporez deux cuillerées à soupe de ce mélange à 60 ml d'huile. Vous pouvez également introduire un peu de potentille dans chaque flacon d'huile, mais ce n'est pas obligatoire.

HUILE DE SANG DE GITAN

Cette huile est réputée permettre de perturber et de faire déménager un voisin gênant lorsqu'elle est versée sur sa poignée de porte.

Pour préparer cette huile, mélangez du poivre de Guinée et le double de feuilles de patchouli. Incorporez deux cuillerées à soupe de ce mélange à 60 ml d'huile.

HUILE DE SÉDUCTION

Cette huile est réputée permettre d'aider une personne à séduire n'importe qui lorsqu'elle est portée comme un parfum. Appliquez-en derrière vos oreilles, sous votre aisselle gauche, sur votre nuque et entre vos cuisses.

Pour préparer cette huile, incorporez deux cuillerées à soupe de clous de girofle à 60 ml d'huile. Vous pouvez également introduire un petit morceau de racine de verveine (réputée faire naître rapidement des passions) dans chaque flacon d'huile, mais ce n'est pas obligatoire.

HUILE DE VAN VAN DE LOUISIANE

Cette huile est très utilisée dans les cercles vaudous. Elle possède de nombreux usages. Versez-en neuf gouttes dans l'eau de votre bain, pendant neuf jours, à des fins de décroisement.

Pour préparer cette huile, incorporez deux cuillerées à soupe de citronnelle à 60 ml d'huile. Ajoutez une pincée de sel béni à chaque flacon d'huile.

HUILE DE VIE CHANCEUSE

Cette huile est réputée attirer la chance. Appliquez-en sur les pièces et les billets que vous utilisez pour jouer à des jeux d'argent. Mettez-en sur les paumes de vos mains avant de jouer aux cartes ou de lancer des dés.

Pour préparer cette huile, mélangez de la camomille et de la pivoine en quantités égales, et le double de cannelle. Incorporez deux cuillerées à soupe de ce mélange à 60 ml d'huile. Vous pouvez également introduire une fève tonka dans chaque flacon d'huile, mais ce n'est pas obligatoire.

LES HUILES ASTROLOGIQUES

Ces huiles sont très utiles dans les rituels où des bougies astrales sont utilisées pour représenter des personnes. En ce qui concerne l'utilisation des couleurs astrales au cours d'un rituel, il existe des divergences d'opinion quant à la couleur utilisée. Traditionnellement, il convient d'utiliser une couleur primaire et une couleur secondaire. La célèbre reine vaudoue Marie Laveau considérait que les couleurs astrales pour les personnes nées sous le signe du Poissons étaient le bleu comme couleur primaire et le vert comme couleur secondaire. D'autres praticiens suggèrent, quant à eux, que la couleur astrale primaire pour les Poissons est le rose, tandis que leur couleur astrale secondaire est le vert, le blanc ou le noir. D'autres encore estiment que le blanc est leur couleur primaire et le vert leur couleur secondaire. Ainsi, la règle élémentaire à suivre est la suivante : quelle que soit l'autorité en laquelle vous placez le plus votre confiance, utilisez ses couleurs pour les bougies astrales également.

Pour préparer ces huiles, n'utilisez qu'une seule des plantes ou fleurs listées pour chacun des signes du zodiaque, en suivant la même technique que donnée précédemment.

Bélier (21 mars – 20 avril) : pin, cyprès, bétoine, coucou, ortie, absinthe, anémone, géranium.

Taureau (21 avril – 20 mai) : musc, rose, œillet, chèvrefeuille, violette, safran, bardane, solidage, menthe, pervenche, primevère, fraise, verveine, mauve, jasmin, trèfle.

Gémeaux (21 mai – 21 juin) : rose jaune, jasmin, myrique, résine mastic, santal, graine de carvi, marjolaine, persil, glaïeul, orchidée.

Cancer (22 juin – 22 juillet) : aloès, nénuphar, jacinthe, fleurs nocturnes, feuille de laurier, pied d'alouette, cèdre, myrte, cannelle, pavot, mélisse, marguerite, trèfle d'eau, acore, droséra, lotus, aigremoine.

Lion (23 juillet – 22 août) : santal rouge, oliban, camphrier, casse, clou de girofle, solidage, grande chélidoine, euphraise, galéga officinal, fleur de camomille, tournesol.

Vierge (23 août – 22 septembre) : ipomée, bleuet, aster, pétunia, peau de cédrat, macis, graine de carvi, fougère mâle, marrube, lavande, lys, marjolaine, perce-neige, narcisse.

Balance (23 septembre – 22 octobre) : souci, violette, rose, noyer, bardane, solidage, menthe, pervenche, primevère, verveine, menthe pouliot, aloès, santal.

Scorpion (23 octobre – 22 novembre) : chrysanthème, pin, yucca, romarin, cornouiller, anémone, petite chélidoine, ortie, absinthe, basilic, feuille de vanille, cyprès.

Sagittaire (23 novembre – 21 décembre) : jonquille, narcisse, aster, muscade, clou de girofle, safran, mouron, potentille, baumier, salsifis des prés, sauge.

Capricorne (22 décembre – 20 janvier) : oliban, vétiver, œillet, consoude, pissenlit, mousse d'Irlande, graine de lin, chardon, oseille.

Verseau (21 janvier – 19 février) : violette, jonquille, pin, passerage champêtre, millepertuis, consoude, mousse d'Irlande, graine de lin, pavot, aurone, valériane, absinthe, fenouil, renoncule.

Poissons (20 février – 20 mars) : lilas, lys, nénuphar, clou de girofle, muscade, œillet, potentille, baumier, sauge, oseille, pyrèthre, aristoloche.

Il existe une huile connue sous le nom d'« huile de zodiaque » qui est utilisée pour enduire les bougies astrales au cours des rituels. Il s'agit d'une huile unique qui peut être utilisée pour tous les signes du zodiaque, mais en l'occurrence, lorsque nous travaillons avec les différents signes, il vaut mieux préparer une huile spécifique en utilisant une plante ou une fleur associée à un signe du zodiaque en particulier ou au régent planétaire qui lui est propre.

Encore une fois, n'utilisez qu'une seule des fleurs ou plantes mentionnées ci-dessus pour préparer votre huile. Pour fabriquer une bougie astrale puissante, réduisez simplement en poudre une autre plante donnée pour le signe en question, puis mélangez cette poudre avec de la paraffine de la couleur associée à ce signe du zodiaque. Ajoutez-y une mèche et, une fois la paraffine durcie, vous obtiendrez une meilleure bougie astrale.

LES HUILES ESSENTIELLES DE BASE

Si vous envisagez d'tiliser des fleurs fraîches pour préparer vos huiles, attendez que le soleil fasse sécher la rosée du matin sur les fleurs avant de les cueillir. **Vous trouverez ci-dessous une liste complète des huiles essentielles dont vous aurez besoin dans les différentes recettes de cet ouvrage.** N'oubliez pas qu'il convient d'incorporer deux cuillerées à soupe de la fleur ou de la plante à 60 ml d'huile. Si l'odeur de la préparation n'est pas suffisamment forte à votre goût, ajoutez simplement des fleurs ou des herbes fraîches jusqu'à ce que vous obteniez satisfaction.

- **Huile de cannelle** : cette huile est utilisée depuis longtemps pour bénir les lieux où se tiennent les cérémonies vaudoues et pour enduire la tête de leurs participants. Elle est également réputée pour porter chance. Versez-en dans vos eaux de lavage pour leur apporter un pouvoir supplémentaire. Pour la préparer, utilisez de la cannelle moulue.
- **Huile de gardénia** : il s'agit d'une huile de protection de base qui empêchera les autres de semer le trouble dans votre vie. Pour la préparer, utilisez des fleurs.

- **Huile de jasmin** : cette huile est réputée attirer de nombreux esprits bienveillants, porter chance et inspirer de l'amour. Vous pouvez la remplacer par de l'huile de gardénia. Pour la préparer, utilisez des fleurs.
- **Huile de jatamansi** : cette huile est réputée attirer les qualités spirituelles et les bénédictions. Son odeur est considérée comme persistante. Parfumez-vous avec cette huile lorsque vous voyez des personnes qui habitent loin de vous. Elle ravive également les sentiments chaleureux et les tendres souvenirs du passé.
- **Huile de lavande** : cette huile est réputée favoriser une tranquillité d'esprit totale. Elle permet également d'inspirer de l'amour. Elle incite à la prudence en matière d'argent. Pour la préparer, utilisez des fleurs.
- **Huile de myrrhe** : cette huile est réputée être une aide puissante pour chasser le mal et briser les malédictions dirigées contre vous. Pour la préparer, utilisez de la résine en poudre.
- **Huile d'oliban** : cette huile est considérée comme sacrée. Répandez-en autour de votre autel et appliquez-en sur des objets pour favoriser de nombreuses bénédictions. Pour la préparer, utilisez de la résine en poudre.
- **Huile de patchouli** : cette huile est considérée comme un aphrodisiaque. Elle peut être utilisée pour apporter une tranquillité d'esprit et faire naître l'harmonie dans un foyer. Elle est également réputée se retourner contre la personne qui s'en sert pour maudire quelqu'un. Pour la préparer, utilisez des feuilles.
- **Huile de rose blanche** : les praticiens vaudous pensent que cette huile apporte la paix et l'harmonie dans la vie d'une personne. Parfumez-vous avec cette huile pendant les périodes de stress pour gagner en force spirituelle. Pour la préparer, utilisez des pétales.
- **Huile de rose rouge** : il s'agit d'une huile populaire chez les praticiens vaudous. Elle est réputée attirer l'amour. Pour la préparer, utilisez des pétales.

N° 8

LES POUDRES

Les poudres sont depuis longtemps utilisées dans les rituels pour solliciter l'aide d'êtres spirituels. Elles sont également utilisées dans les grigris, comme poudres de saupoudrage, ou répandues autour d'une maison et sur des vêtements.

Dans votre mortier, réduisez en poudre tous les ingrédients solides, puis ajoutez les ingrédients liquides. Une fois que le liquide est complètement mélangé avec les herbes, ajoutez doucement le talc. Étant donné que le talc n'absorbera pas les ingrédients liquides, il est toujours ajouté en dernier. Alors que vous mélangez tous les ingrédients, chantez un poème qui énonce la raison pour laquelle la poudre est préparée.

POUDRE D'ATTRACTION D'AMOUR

Pour préparer cette poudre, utilisez les ingrédients suivants :

- 30 g de santal en poudre ;
- une pincée de cannelle ;
- une cuillerée à café de basilic ;
- une cuillerée à café de myrte ;
- 2 ml d'huile d'oliban ;
- 2 ml d'huile de jatamansi ;
- 3,5 ml d'huile de rose rouge ;
- 120 g de talc.

POUDRE D'ATTRACTION D'ARGENT

Pour préparer cette poudre, utilisez les ingrédients suivants :

- 30 g de santal en poudre ;
- une pincée de cannelle en poudre ;
- une cuillerée à soupe de potentille en poudre ;
- 2 ml d'huile d'oliban ;
- une cuillerée à café de patience crépue en poudre ;
- 1 ml d'huile de patchouli ;
- 1 ml d'huile de myrrhe ;
- 120 g de talc.

POUDRE DE DÉCROISEMENT

Pour préparer cette poudre, utilisez les ingrédients suivants :

- 30 g de santal en poudre ;
- une cuillerée à café et une pincée de potentille en poudre ;
- 2 ml d'huile de décroisement ;
- 1 ml d'huile d'oliban ;
- 1 ml d'huile de myrrhe ;
- 120 g de talc.

POUDRE DE MALÉDICTION

Pour préparer cette poudre, utilisez les ingrédients suivants :

- 30 g d'absinthe en poudre ;
- 15 g d'aiguilles de pin en poudre ;
- 7,5 g de poussière de cimetière ;
- une cuillerée à soupe de poivre de Guinée ;
- 3,5 ml d'huile de malédiction ;
- 120 g de talc.

POUDRE DE POUSSIÈRE D'OR

Cette poudre est utile pour les jeux d'argent. **Pour la préparer, utilisez les ingrédients suivants :**

- 30 g de santal en poudre ;
- une cuillerée à café de pétales d'œillets (séchés et en poudre) ;
- une cuillerée à café de cannelle en poudre ;
- 2 ml d'huile d'oliban ;
- 2 ml d'huile de myrrhe ;
- 120 g de talc.

Nº 9

LES NETTOYANTS

On parle de « nettoyant » pour qualifier un mélange d'herbes habituellement immergé dans de l'eau et utilisé pour asperger ou nettoyer le sol d'une maison, les locaux d'une entreprise, une boîte aux lettres, etc. Les nettoyants ont pour objectif d'attirer ou de chasser certaines influences.

Pour préparer un nettoyant, immergez les herbes dans un demi-litre d'eau fraîche. Avant de l'utiliser, conservez votre nettoyant pendant trois jours dans un endroit sombre que vous aurez consacré au préalable. Chaque soir, secouez le nettoyant tout en chantant un poème qui énonce la raison pour laquelle le nettoyant est préparé. Le quatrième jour, filtrez les herbes de l'eau tout en répétant votre chant. Répétez également le chant lorsque vous utilisez le nettoyant. Préparez un nouveau nettoyant aussi souvent que nécessaire.

EAU DE MARS OU EAU DE GUERRE

Utilisez de l'eau de Mars lorsque vous souhaitez créer des conflits. Répandez-en sur le chemin de votre ennemi.

Pour préparer cette eau, incorporez 45 ml de créoline[4] à 475 ml d'eau.

EAU DE NOTRE-DAME

Répandez cette eau autour d'une maison pour favoriser la paix et la tranquillité.

Pour préparer cette eau, écrasez 45 g de pétales de roses blanches dans 475 ml d'eau de source. Laissez tremper les pétales de roses pendant trois jours, filtrez le liquide et versez-le dans un flacon.

ESSENCE DE VAN VAN DE LOUISIANE

Cette essence est utilisée comme solution de saupoudrage pour attirer la chance et le pouvoir de toutes sortes lorsqu'elle est utilisée

4 La créoline, aussi appelée créosote, est un liquide huileux obtenu par la distillation de goudron de houille et largement utilisé pour préserver le bois de la pourriture.

telle quelle. Ajoutez-en à de l'eau de lavage pour nettoyer le sol et les marches d'une maison ou d'une entreprise afin de chasser le mal.

Pour préparer cette essence, incorporez 45 ml d'huile de Van Van de Louisiane à 475 ml d'alcool. Secouez bien avant chaque utilisation.

NETTOYANT D'ATTRACTION POUR ENTREPRISE

Si votre entreprise reçoit de la clientèle, nettoyez le sol de l'entrée, la poignée de la porte d'entrée et l'allée centrale tout en répétant votre chant. S'il s'agit d'une entreprise de vente par correspondance et si elle reçoit des chèques par la poste, nettoyez l'intérieur et l'extérieur de la boîte aux lettres. Une fois par semaine, utilisez ce nettoyant dans votre eau de lavage pour nettoyer les sols et les murs de votre entreprise. N'utilisez jamais ce nettoyant pendant plus d'une semaine après la première utilisation. Préparez un nouveau nettoyant si nécessaire. Ce nettoyant est également réputé permettre d'attirer des locataires dans un appartement ou une maison vide.

Pour préparer ce nettoyant, mélangez 30 g de racine de scille, 30 g de patience crépue, 7,5 g de potentille, une cuillerée à café de cannelle et une cuillerée à soupe de sel béni. Mélangez bien le tout et incorporez deux cuillerées à soupe de ce mélange à un demi-litre d'eau fraîche.

NETTOYANT POUR UNE AUDIENCE AU TRIBUNAL

Préparez ce nettoyant trois jours avant votre comparution devant le tribunal. Placez le flacon dans un endroit sombre et consacré et chantez en mettant vos mains au-dessus de celui-ci. Continuez de chanter chaque soir et chaque matin. Le matin du jour de votre comparution, versez ce mélange devant votre porte d'entrée de façon à marcher dessus lorsque vous quitterez votre maison pour vous rendre au tribunal. Transportez un gros morceau de racine haute de John le Conquérant dans votre poche et gardez-le dans la salle d'audience.

Pour préparer ce nettoyant, incorporez 7,5 g de poudre de jalap, 22,5 g de galane glabre et une cuillerée à café de sel béni à un demi-litre d'eau.

Remarque : le nettoyant pour une audience au tribunal fonctionne mieux lorsqu'il est utilisé avec un rituel visant à détruire la capacité de votre ennemi à vous nuire.

VINAIGRE DES QUATRE VOLEURS

Le vinaigre des quatre voleurs est utilisé comme un agent de malédiction. Écrivez le nom de la personne que vous souhaitez maudire sur un bout de papier. Faites tremper le bout de papier dans du vinaigre des quatre voleurs. Laissez-le sécher, puis brûlez-le. Ce sont les cendres de ce papier que vous utiliserez dans votre rituel. Vous pouvez également répandre du vinaigre des quatre voleurs sur le pas de porte d'un ennemi pour démolir sa maison.

Pour préparer ce vinaigre, incorporez une poignée de romarin, d'absinthe, de lavande, de rue, de sauge et de menthe à 3,5 l de vinaigre de cidre fort. Ajoutez 30 g de résine de camphre en poudre. Fermez hermétiquement le récipient contenant le cidre et les herbes. Placez ce récipient dans une casserole d'eau, puis faites chauffer jusqu'à ce que l'eau se mette à bouillir. Secouez toujours le mélange avant de le faire chauffer. Faites-le chauffer tous les jours pendant quatre jours. Filtrez le liquide, versez-le dans un flacon et fermez ce dernier hermétiquement.

Nº 10 SUPPLÉMENTS

RITUEL D'OUVERTURE

(UTILISÉ PRINCIPALEMENT PAR LES PERSONNES DE CONFESSION CATHOLIQUE)

Approchez-vous de l'autel avec les paumes de vos mains et les pouces contre votre sternum. En vous tenant droit dans cette posture, agenouillez-vous, puis relevez-vous et inclinez la tête devant l'autel. Plongez vos doigts dans l'eau bénite et faites le signe de croix tout en récitant ce qui suit :

Au nom du Père, (en touchant votre front)
du Fils (en touchant votre sternum)
et du Saint-Esprit, (en touchant votre épaule gauche)
Amen. (en touchant votre épaule droite)

Joignez de nouveau les paumes de vos mains, agenouillez-vous et récitez sincèrement le psaume 51:12-14 :

Dieu, crée pour moi un cœur pur,
restaure en ma poitrine un esprit ferme ;
ne me repousse pas loin de ta face,
ne m'enlève pas ton esprit de sainteté.
Rends-moi la joie de ton salut,
assure en moi un esprit magnanime.

Ce rituel utilise trois bougies d'autel représentant Dieu le Père, le Fils, et le Saint-Esprit.

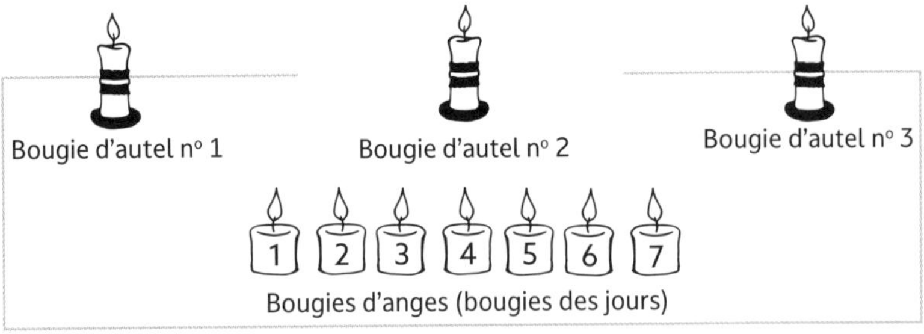

1. Allumez la bougie d'autel nº 1 tout en prononçant ce qui suit :

Béni soit Dieu le Père,
qui par sa toute-puissance et son amour m'a créé,
faisant tous les hommes à l'image
et à la ressemblance divine de Dieu.

2. Allumez la bougie d'autel nº 2 tout en prononçant ce qui suit :

Béni soit le Fils, Jésus-Christ,
l'amour de Dieu fait chair sur la terre,
qui est venu du Père pour nous montrer le chemin qui mène au Royaume des Cieux,
et qui vit éternellement parmi tous les saints.

3. Allumez la bougie d'autel nº 3 tout en prononçant ce qui suit :

Béni soit le Saint-Esprit,
envoyé à nous par la grâce du Père,
comme promis par Jésus de Nazareth qui me sanctifie
et qui continuera à sanctifier tous les enfants de Dieu.

4. Allumez la bougie d'ange (ou bougie du jour) avec la flamme de la bougie du Saint-Esprit tout en chantant ce qui suit :

Béni soit le saint ange/archange de Dieu (nom de l'ange ou de l'archange),
qui par la volonté du Père peut nous aider dans nos vies.
Car il ordonnera à ses anges
de te garder dans toutes tes voies. (psaume 91:11)
Des vents il fait ses messagers,
des flammes de feu ses serviteurs. (psaume 104:4)

5. Joignez les paumes de vos mains et inclinez la tête tout en récitant le Gloire au Père :

Gloire au Père,
et au Fils,
et au Saint-Esprit.
Comme il était au commencement,
maintenant et toujours,
pour les siècles des siècles.
Amen.

6. Allumez l'encens. Une fois que l'encens brûle et que la fumée monte, chantez ce qui suit :

Béni soit Dieu l'Éternel, maintenant et pour toujours.

7. Prenez le bol d'eau bénite et aspergez chaque recoin de la pièce dans le sens des aiguilles d'une montre. Versez un peu d'eau bénite à droite de l'autel, puis à gauche, et enfin directement devant. Récitez le psaume 91. Ce psaume est traditionnellement utilisé pour se protéger de toutes sortes de dangers, comme les dommages causés par le feu ou l'eau, les meurtres, les vols, les guerres, les ennemis, les maladies incurables, la prison, les épidémies ou les maladies contagieuses. Il peut également être récité pour une personne perturbée par des influences négatives.

Qui habite le secret d'Élyôn,
passe la nuit à l'ombre de Shaddaï,
disant à Yahvé :
mon abri, ma forteresse,
mon Dieu sur qui je compte !

C'est lui qui t'arrache au filet
de l'oiseleur qui s'affaire à détruire ;
il te couvre de ses ailes,
tu as sous son pennage un abri.
Armure et bouclier, sa vérité.

Tu ne craindras ni les terreurs de la nuit,
ni la flèche qui vole de jour,
ni la peste qui marche en la ténèbre,
ni le fléau qui dévaste à midi.

Qu'il en tombe mille à tes côtés
et dix mille à ta droite,
toi, tu restes hors d'atteinte.

Il suffit que tes yeux regardent,
tu verras le salaire des impies,
toi qui dis : Yahvé mon abri !
et qui fais d'Élyôn ton refuge.

Le malheur ne peut fondre sur toi,
ni la plaie approcher de ta tente :
il a pour toi donné ordre à ses anges
de te garder en toutes tes voies.

Sur leurs mains ils te porteront
pour qu'à la pierre ton pied ne heurte ;
sur le fauve et la vipère tu marcheras,
tu fouleras le lionceau et le dragon.

Puisqu'il s'attache à moi, je l'affranchis,
je l'exalte puisqu'il connaît mon nom.

Il m'appelle et je lui réponds :
« Je suis près de lui dans la détresse,
je le délivre et je le glorifie,
de longs jours je veux le rassasier
et je ferai qu'il voie mon salut. »

8. À ce stade du rituel, ajoutez un peu d'encens tout en prononçant ce qui suit :

Je brûle cet encens dans ce feu
en signe d'hommage à toi, ô Seigneur.

Prenez l'encensoir (qui doit de préférence avoir une chaîne) et faites-le pivoter trois fois vers l'autel. Faites ensuite le tour de la pièce dans le sens des aiguilles d'une montre. Revenez devant l'autel, tournez-vous vers l'est et faites pivoter l'encensoir trois fois tout en prononçant ce qui suit :

En ton honneur, Raphaël.

Faites face au sud et faites pivoter l'encensoir trois fois tout en prononçant ce qui suit :

En ton honneur, Michel.

Faites face à l'ouest et faites pivoter l'encensoir trois fois tout en prononçant ce qui suit :

En ton honneur, Gabriel.

Faites face au nord et faites pivoter l'encensoir trois fois tout en prononçant ce qui suit :

En ton honneur, Uriel.

9. Reposez l'encensoir sur l'autel, puis récitez le psaume 104 en gardant à l'esprit que toutes les choses et toutes les bénédictions viennent de Dieu, qui a créé tout ce qui existe dans le monde. Ce psaume est également réputé permettre d'empêcher que les personnes, les esprits et les animaux ne subissent des préjudices, et freiner le désir de faire du mal.

Bénis Yahvé, mon âme.
Yahvé, mon Dieu, tu es si grand !

Vêtu de faste et d'éclat,
drapé de lumière comme d'un manteau,
tu déploies les cieux comme une tente,
tu bâtis sur les eaux tes chambres hautes ;
faisant des nuées ton char,
tu t'avances sur les ailes du vent ;
tu prends les vents pour messagers,
pour serviteurs un feu de flammes.

Tu poses la terre sur ses bases,
inébranlable pour les siècles des siècles.
De l'abîme tu la couvres comme d'un vêtement,
sur les montagnes se tenaient les eaux.

À ta menace, elles prennent la fuite,
à la voix de ton tonnerre, elles s'échappent ;
elles sautent les montagnes, elles descendent les vallées
vers le lieu que tu leur as assigné ;
tu mets une limite à ne pas franchir,
qu'elles ne reviennent couvrir la terre.

Dans les ravins tu fais jaillir les sources,
elles cheminent au milieu des montagnes ;
elles abreuvent toutes les bêtes des champs,
les onagres y calment leur soif ;
l'oiseau des cieux séjourne près d'elles,
sous la feuillée il élève la voix.

De tes chambres hautes, tu abreuves les montagnes ;
la terre se rassasie du fruit de tes œuvres ;
tu fais croître l'herbe pour le bétail
et les plantes à l'usage des humains,

pour qu'ils tirent le pain de la terre
et le vin qui réjouit le cœur de l'homme,
pour que l'huile fasse luire les visages
et que le pain fortifie le cœur de l'homme.

Les arbres de Yahvé se rassasient,
les cèdres du Liban qu'il a plantés ;
c'est là que nichent les passereaux,
sur leur cime la cigogne a son gîte ;
aux chamois, les hautes montagnes,
aux damans, l'abri des rochers.

Il fit la lune pour marquer les temps,
le soleil connaît son coucher.
Tu poses la ténèbre, c'est la nuit,
toutes les bêtes des forêts s'y remuent.
Les lionceaux rugissent après la proie
et réclament à Dieu leur manger.

Quand se lève le soleil, ils se retirent
et vont à leurs repaires se coucher ;
l'homme sort pour son ouvrage,
faire son travail jusqu'au soir.

Que tes œuvres sont nombreuses, Yahvé !
toutes avec sagesse tu les fis,
la terre est remplie de ta richesse.

Voici la grande mer aux vastes bras,
et là le remuement sans nombre
des animaux petits et grands,
là des navires se promènent
et Léviathan que tu formas pour t'en rire.

Tous ils espèrent de toi
que tu donnes en son temps leur manger ;
tu leur donnes, eux, ils ramassent,
tu ouvres la main, ils se rassasient.

Tu caches ta face, ils s'épouvantent,
tu retires leur souffle, ils expirent,
à leur poussière ils retournent.
Tu envoies ton souffle, ils sont créés,
tu renouvelles la face de la terre.

À jamais soit la gloire de Yahvé,
que Yahvé se réjouisse en ses œuvres !
Il regarde la terre, elle tremble,
il touche les montagnes, elles fument !

Je veux chanter à Yahvé tant que je vis,
je veux jouer pour mon Dieu tant que je dure.
Puisse mon langage lui plaire,
moi, j'ai ma joie en Yahvé !
Que les pécheurs disparaissent de la terre,
les impies, qu'il n'en soit jamais plus !

Bénis Yahvé, mon âme.

Ajoutez un peu d'encens à brûler, puis méditez quelques minutes sur l'objectif derrière le rituel. Passez ensuite à la réalisation de l'intention du rituel, qu'il soit question de bénédictions financières, de santé, de régler des situations troubles, de décroisement, etc.

LES BOUGIES D'ANGES

- **Michel ou saint Michel** : sa planète régente est le Soleil. Il est grand par son pouvoir et son intelligence. Il est l'arbitre final des choses. Il est capable d'une chaleur et d'une générosité immenses, comme d'un courroux redoutable. Il est représenté par une bougie orange.

- **Gabriel ou saint Gabriel** : sa planète régente est la Lune. Il est fort et élégant, mais il est aussi capable d'inconstance. Il est associé à la mort, à la dissimulation et à l'inconstance des caprices. Il est représenté par une bougie blanche.
- **Madimiel**[5] : sa planète régente est Mars. Il fait preuve de véhémence, de zèle et d'une énergie débordante, avec une tendance constance à l'excès. Sa grande force constructrice peut devenir extrême et se transformer en une force destructrice. Il est représenté par une bougie rouge.
- **Tsedeqiel** : sa planète régente est Jupiter. La droiture, la justice, l'intégrité et l'équité font partie de ses caractéristiques. Il est représenté par une bougie violette.
- **Raphaël ou saint Raphaël** : sa planète régente est Mercure. Ses principales caractéristiques sont l'intelligence, la versatilité, la capacité à communiquer et à trouver un accord, une tendance aux commérages, les mathématiques et un talent pour les gains financiers. Il doit être représenté par une bougie jaune.
- **Haniel** : sa planète régente est Vénus. Les caractéristiques d'Haniel sont la paix, la lumière et la beauté, la bienveillance, la sensualité et, de temps en temps, l'auto-indulgence. Haniel est symbolisé par une bougie verte.
- **Tsaphqiel** : sa planète régente est Saturne. Ses caractéristiques sont l'inévitable, l'infini, les secrets et les mystères. Il est le juste milieu entre le temps et l'éternité et il peut provoquer des catastrophes. Il est représenté de préférence par une bougie bleu foncé, ou, à défaut, par une bougie noire.

Dans la liste ci-dessus, les archanges sont Michel, Gabriel et Raphaël. Les autres sont simplement des anges. Uriel, dont le nom signifie « lumière de Dieu », est également un archange. Il régit le point cardinal du nord et sa couleur est le vert.

5 NdT : Cet ange n'étant en principe utilisé que dans la magie anglo-saxonne, son nom n'a encore jamais été adapté en français.

RITUEL DE FERMETURE

1. Éteignez toutes les bougies que vous avez utilisées dans le cadre de votre intention rituelle, dans l'ordre inverse où vous les avez allumées. Seules les bougies d'autel et la bougie d'ange doivent rester allumées.
2. Si nécessaire, ajoutez un peu d'encens à brûler.
3. Récitez le psaume 150 :

Alléluia !

Louez Dieu en son sanctuaire,
louez-le au firmament de sa puissance,
louez-le en ses œuvres de vaillance,
louez-le en toute sa grandeur !

Louez-le par l'éclat du cor,
louez-le par la harpe et la cithare,
louez-le par la danse et le tambour,
louez-le par les cordes et les flûtes,
louez-le par les cymbales sonores,
louez-le par les cymbales triomphantes !
Que tout ce qui respire loue Yahvé !

Alléluia !

4. Éteignez la bougie d'ange tout en le remerciant pour son aide avec vos propres mots.
5. Avant d'éteindre les bougies d'autel, récitez la prière suivante :

Comme le Père me connaît,
que je puisse connaître le Père.
Par Jésus-Christ, montre-moi le chemin
de la porte du royaume du Père.

Joignez les paumes de vos mains en plaçant vos pouces sur votre sternum, puis agenouillez-vous et inclinez la tête. Levez-vous et éteignez les bougies d'autel dans l'ordre inverse où vous les avez allumées.

LA CÉRÉMONIE AUX CHANDELLES

Cette cérémonie se tient pendant la nuit et utilise principalement des psaumes qui figurent dans la Bible. Ce type de cérémonies religieuses est conçu pour un groupe de personnes qui se réunissent pour prier. Une personne doit diriger et mener la cérémonie. Cette personne sera ici désignée sous le nom de « meneur ». Il peut s'agir d'un homme comme d'une femme.

Avant de commencer la cérémonie, il convient de vous munir de bougies de sept jours, qui sont des bougies en verre transparent. Chaque bougie représente l'une des personnes assistant à la cérémonie. Une bougie colorée est par ailleurs allumée par le meneur. La couleur varie en fonction de la nature de la cérémonie aux chandelles.

Le meneur doit suivre les étapes 1 à 7 présentées dans le rituel d'ouverture. Ensuite, il convient de procéder comme suit :

1. Le meneur ajoute un peu d'encens dans l'encensoir et prend le bol d'eau bénite. En marchant dans le sens des aiguilles d'une montre, il dessine un signe de croix sur le front de chaque participant à la cérémonie, en prononçant la bénédiction suivante :

Puisse cette eau bénite nettoyer ton âme, ton corps et ton esprit.
Au nom du Père, du Fils et du Saint-Esprit,
que Dieu te juge digne de recevoir ses bénédictions.
Une fois qu'il a terminé, le meneur repose l'eau bénite sur l'autel.

2. Le meneur donne ensuite une bougie de sept jours à chaque participant. Une fois que tous les participants ont une bougie dans les mains, le meneur verse quelques gouttes d'huile d'onction sur la partie supérieure de chaque bougie de sept jours, en demandant aux participants de frotter l'huile dans le sens des aiguilles d'une montre tout en se concentrant sur leur prière.

3. Alors que les participants se concentrent sur leur prière, le meneur se tourne vers l'autel et récite le psaume 21 :

En ta force, Yahvé, le roi se réjouit ;
combien ton salut le comble d'allégresse !
Tu lui as accordé le désir de son cœur,
tu n'as point refusé le souhait de ses lèvres.

Car tu l'as prévenu de bénédictions de choix,
tu as mis sur sa tête une couronne d'or fin ;
tu lui as accordé la vie qu'il demandait,
longueur de jours, encore et à jamais.

Grande gloire lui fait son salut,
tu as mis sur lui le faste et l'éclat ;
oui, tu l'établis en bénédiction pour toujours,
tu le réjouis de bonheur près de ta face ;

oui, le roi se confie en Yahvé,
la grâce du Très-Haut le garde du faux pas.
Ta main trouvera tous tes adversaires,
ta droite trouvera tes ennemis ;

tu feras d'eux une fournaise au jour de ta face,
Yahvé les engloutira dans sa colère, le feu les avalera ;
leur fruit, tu l'ôteras de la terre,
leur semence, d'entre les fils d'Adam.

S'ils dirigent contre toi le malheur,
s'ils mûrissent un plan : ils ne pourront rien.
Oui, tu leur feras tourner le dos,
sur eux tu ajusteras ton arc.

Lève-toi, Yahvé, dans ta force !
Nous chanterons, nous jouerons pour ta vaillance.

4. Le meneur allume la bougie colorée à l'aide de la bougie d'ange déjà allumée, qui symbolise l'objectif de la cérémonie aux chandelles (référez-vous à la liste des couleurs et de leurs significations vibratoires). Chaque participant s'approche tour à tour de l'autel et allume sa bougie de sept jours en utilisant la flamme de la bougie colorée. Les bougies de sept jours sont ensuite disposées en demi-cercle autour de la bougie colorée, elle-même placée au centre de l'autel.
5. Une fois que tous les participants ont allumé leurs bougies et sont retournés à leur place, le meneur s'agenouille devant l'autel et commence à chanter le psaume approprié pour la cérémonie aux chandelles. Il est important que le meneur chante lentement, que chaque participant puisse répéter le psaume après lui. Le psaume est chanté de cette manière à trois reprises.
6. Avant d'autoriser quiconque à quitter les lieux, assurez-vous de mettre fin à la cérémonie aux chandelles en utilisant le rituel de fermeture dans lequel le psaume 150 est récité.
7. La cérémonie aux chandelles est terminée. Tous les participants à la cérémonie doivent réciter quotidiennement le psaume approprié pendant sept jours.

Le meneur peut laisser brûler la bougie colorée pendant une heure, puis l'éteindre. Les bougies de sept jours peuvent rester allumées jusqu'à être entièrement consumées. La bougie colorée doit être rallumée chaque jour pendant une heure, tandis que le meneur récite le psaume approprié pour la cérémonie aux chandelles. Cette opération doit être répétée pendant sept jours. Le dernier jour, la bougie colorée doit rester allumée jusqu'à être entièrement consumée.

UTILISER LES PSAUMES POUR RÉSOUDRE DES PROBLÈMES

Depuis des siècles, les psaumes sont utilisés pour aider à résoudre de nombreux problèmes de la vie quotidienne et donnent des résultats surprenants. **Pour savoir quel psaume utiliser en fonction de votre problème, référez-vous à la liste ci-dessous :**

- Pour atteindre une plus grande conscience spirituelle, utilisez le psaume 99.

- Pour avoir de la chance et recevoir des bénédictions avant d'emménager dans une nouvelle maison, utilisez le psaume 61.
- Pour rendre toutes vos entreprises favorables et avantageuses, utilisez le psaume 65.
- Pour avoir de la chance dans tout ce que vous faites, utilisez le psaume 57.
- Pour changer une situation malheureuse en une situation heureuse, utilisez le psaume 16.
- Pour satisfaire vos besoins quotidiens et éviter les préjudices, utilisez le psaume 77.
- Pour vous débarrasser d'influences négatives importantes, utilisez le psaume 19.
- Pour libérer votre cœur d'un sentiment de haine, d'envie ou de malveillance profondément enfoui, utilisez le psaume 137.
- Pour vous protéger des ennemis, des rivaux et des assaillants, utilisez les psaumes 3, 59 et 70.
- En cas de maladie ou de problèmes de santé, utilisez les psaumes 23, 35 et 38.
- Pour rendre grâce ou vous rétablir d'une maladie, utilisez le psaume 30.
- Pour apporter la paix ou des bénédictions dans votre maison, utilisez les psaumes 1 et 128.
- Pour obtenir un soutien spirituel en période de stress ou de souffrance, utilisez les psaumes 3, 25 et 54.
- Pour favoriser l'harmonie entre des personnes ou des groupes de personnes, utilisez le psaume 133.
- Pour demander des biens matériels (de l'argent, de la nourriture, des vêtements, etc.), utilisez le psaume 41.
- En cas d'ennuis dus à la calomnie, utilisez les psaumes 38 et 39.
- Pour obtenir grâce, amour et miséricorde, utilisez le psaume 32.

- Pour susciter le respect et l'amour de la part d'autrui, utilisez le psaume 47.
- Pour vous protéger des médisances injustes et pour empêcher les commérages futiles de vous nuire ou de provoquer de l'agitation, utilisez le psaume 36.
- Pour vous protéger d'un ennemi qui refuse de vous laisser tranquille, utilisez le psaume 109.
- Pour vous libérer d'habitudes mauvaises ou nocives, utilisez le psaume 69.
- Pour vous réconcilier avec un ennemi, utilisez le psaume 16.
- Pour surpasser un ennemi de manière juste, utilisez le psaume 70.
- Pour avoir plus d'amis, utilisez le psaume 111.
- Pour garder l'amour de vos amis et vous faire plus d'amis, utilisez le psaume 133.
- Pour favoriser la paix et l'harmonie entre les membres d'une famille, utilisez le psaume 98.
- Pour faire le bien et éviter le mal, utilisez le psaume 87.
- Pour chasser les mauvaises influences venant d'autrui, utilisez le psaume 29.
- Pour favoriser la libération prochaine d'un détenu, utilisez le psaume 26.
- Pour assurer votre sécurité contre les éventuels vols ou dangers, utilisez le psaume 50.
- Pour assurer votre sécurité si vous voyagez seul de nuit, utilisez le psaume 122.
- Pour faire en sorte que vos voyages se terminent de façon sûre, utilisez le psaume 34.
- Pour être accepté, apprécié et respecté de tous, utilisez le psaume 47.
- Pour éliminer les influences négatives que vous ressentez autour de vous, utilisez le psaume 10.
- Pour gagner un procès en cas d'opposition à une personne injuste ou vindicative, utilisez le psaume 35.

- Pour obtenir un verdict favorable en cas de comparution devant un juge, utilisez le psaume 20.
- Pour obtenir justice et une issue favorable à un procès, utilisez le psaume 119, Lamed.
- Si vous avez des problèmes d'alcoolisme, utilisez le psaume 87.
- Si des mesures légales sont prises contre vous pour vous punir, utilisez le psaume 35.
- Pour réconcilier un couple marié, utilisez les psaumes 45 et 46.
- En cas de possession par un mauvais esprit, utilisez le psaume 66.
- Pour vous venger d'ennemis secrets, utilisez les psaumes 53, 54 et 55.
- Si des ennemis vous ont fait perdre de l'argent et ont provoqué votre méfiance, utilisez les psaumes 41 et 43 (trois fois par jour, pendant trois jours, avec une prière appropriée à votre situation).
- Pour surmonter les problèmes et les pertes causés par des associés, utilisez le psaume 63.
- Pour rendre votre maison chanceuse, utilisez le psaume 61.
- Pour recevoir des saintes bénédictions, utilisez le psaume 62.

Lorsque vous utilisez les psaumes, il est important de prononcer doucement les mots de façon à ce que les vibrations arrivent ou vibrent en douceur dans vos oreilles. Si vous pouvez chanter le psaume d'un ton doux, c'est encore mieux. Une fois que vous avez fini de réciter le psaume, imaginez ou formulez votre désir en utilisant le moins de mots possible.

LES PRIÈRES AUX SAINTS

En Louisiane et dans toutes les régions du Nouveau Monde où le vaudou est pratiqué, bon nombre des anciens dieux vaudous (qui ne sont d'ailleurs pas des dieux et qui sont plutôt appelés « lois ») ont été remplacés par les saints catholiques. D'après moi, invoquer les saints pour solliciter leur aide dans les problèmes de la vie quotidienne n'est pas si différent du polythéisme européen et africain. De nos jours, la fonction des saints s'est plutôt bien intégrée dans la représentation des déesses et dieux africains dans les pratiques vaudoues en Haïti et dans la macumba au Brésil.

Les différents saints sont traditionnellement invoqués comme suit :

- l'ange gardien pour la protection ;
- Notre-Dame de Lourdes pour la guérison des malades ;
- Notre Mère du Perpétuel Secours pour de l'aide en toutes choses ;
- le Sacré-Cœur de Jésus pour les bénédictions quotidiennes ;
- sainte Anne, mère de Marie pour les grands-mères, l'amitié et l'amour ;
- saint Antoine pour réussir en toutes choses, retrouver un amour perdu et récupérer des biens perdus ou volés ;
- sainte Barbe pour le courage et la protection ;
- saint Basile pour la justice dans toutes les questions d'ordre juridique ;
- saint Bernard pour des faveurs particulières ;
- saint Raphaël l'archange pour un bon voyage ;
- saint Christophe pour la sécurité dans les voyages ;
- sainte Claire pour la compréhension dans tous les domaines ;
- saint Cyrille pour les bénédictions et les besoins quotidiens ;
- sainte Dymphne pour les personnes souffrant d'une maladie mentale ou nerveuse ;
- sainte Hélène pour surmonter le chagrin et la tristesse ;

- saint Expédit pour une aide rapide par rapport à des besoins pressants ;
- saint François d'Assise pour la sérénité et les bénédictions spirituelles ;
- saint Gérard Majella pour la maternité et les femmes enceintes ;
- sainte Jeanne d'Arc pour le courage et la victoire ;
- saint Joseph pour les bénédictions familiales et le travail ;
- sainte Lucie pour se libérer de tout mal et de toute cruauté ;
- saint Lazare (saint patron des pauvres) pour les besoins quotidiens ;
- saint Jude (saint patron de l'impossible) pour une aide dans les situations difficiles ;
- saint Martin de Porrès pour le développement spirituel, la guérison psychique et la libération du péché ;
- saint Michel l'archange pour le courage, la protection et la délivrance vis-à-vis des ennemis et des forces du mal ;
- sainte Marie-Madeleine pour l'amélioration de soi ;
- saint Pierre pour la croissance spirituelle et la miséricorde de Dieu ;
- saint Raymond et/ou la Sainte Famille pour la paix et l'amour au sein de la famille ;
- sainte Thérèse pour l'humilité et la spiritualité ;
- sainte Marie, mère de Dieu, pour la santé, l'aide quotidienne et la quête du pardon.

Prière à saint Joseph

Saint Joseph, père et protecteur des vierges, sous la garde fidèle duquel ont été confiées l'Innocence même, Jésus-Christ, et Marie, la Vierge des vierges, je te prie et te supplie par Jésus et Marie d'intercéder en ma faveur auprès de Dieu le Père.

(Formulez votre demande d'aide.)

Que je puisse accomplir mon travail quotidien avec fidélité, avec honnêteté et de bon cœur, en prenant exemple sur toi pour subvenir aux besoins de ceux qui dépendent de moi. Garde-moi de toute souillure, et fais que mon esprit soit immaculé, mon cœur pur et mon corps chaste ; aide-moi à servir notre Seigneur Jésus dans toutes mes tâches quotidiennes. Amen.

Prière à saint Gérard Majella

(prière pour la maternité)

Ô bon saint Gérard, puissant intercesseur auprès de Dieu et thaumaturge de notre temps, je t'implore et demande ton aide. Intercède auprès de Dieu en ma faveur pour que je puisse avoir l'amour, la patience et la vraie compréhension nécessaires pour élever mes enfants vers Dieu. Toi qui, sur terre, as toujours accompli le dessein de Dieu, aide-moi ; je te le demande avec une véritable humilité et une ferme assurance de ton aide. Supplie le maître de la vie, de qui procède toute parentalité, de me rendre féconde dans ma responsabilité d'enseigner à mes enfants le caractère divin dans cette vie, et les héritiers du royaume de Dieu et de sa gloire dans le monde à venir. Amen.

Prière à saint Jude

De nombreux praticiens m'ont expliqué que saint Jude exauce le souhait d'une personne, mais qu'il la maintient également dans une position délicate pour qu'elle le prie constamment.

Saint Jude, glorieux apôtre, fidèle serviteur et ami de Jésus, ton nom a provoqué ton oubli par beaucoup, mais tu es invoqué comme le patron des cas sans espoir et des causes désespérées ; prie pour moi, pour qu'enfin je puisse recevoir les consolations et le secours du Ciel dans toutes mes nécessités, tribulations et souffrances, en particulier dans (formulez votre demande d'aide), et que je puisse bénir Dieu avec les Élus dans toute l'éternité. Je promets de répandre ton nom avec amour et compassion pour l'exaucement de ma demande à partir de ce jour. Je sais que tu ne me trahiras pas, et que la joie et le bonheur me suivront pendant cette période difficile. Amen.

Prière à sainte Dymphne

(pour les personnes souffrant d'une maladie mentale ou nerveuse)

Seigneur Jésus-Christ, tu as voulu que sainte Dymphne soit invoquée par des milliers de personnes comme la patronne des maladies nerveuses et mentales, et tu as fait que son intérêt pour les malades soit une inspiration et un idéal de charité dans le monde entier. Fais que, par les prières de ce jeune martyr de pureté, ceux qui souffrent de maladies nerveuses et mentales partout sur la terre soient aidés et consolés, en particulier (nommez les personnes pour lesquelles vous souhaitez prier).

Daigne entendre les prières de sainte Dymphne et de ta bienheureuse mère, Santé des malades et Consolatrice des affligés, en faveur de ceux que je confie à l'amour et à la compassion de ton Sacré Cœur. Donne-leur la patience pour supporter leurs maux et la détermination pour accomplir ta divine volonté. Donne-leur la consolation dont ils ont besoin et en particulier la guérison qu'ils désirent tant, si telle est ta volonté. Puissions-nous tous servir tes fidèles souffrants avec une charité qui nous vaille la récompense d'être unis pour toujours au Ciel, et de vivre et de régner à jamais avec le Père dans l'unité du Saint-Esprit. Amen.

Prière à Notre Mère du Perpétuel Secours

Ô Mère du Perpétuel Secours, accorde-moi d'invoquer toujours ton nom le plus puissant, qui est la protection des vivants et le salut des mourants ; ô Marie la plus pure, ô Marie la plus douce, que ton nom soit désormais toujours sur mes lèvres. Ne tarde pas, ô Notre-Dame, à m'aider à chaque fois que je t'implore, car dans tous mes besoins, (formulez votre demande d'aide), dans toutes mes tentations, je ne cesserai jamais de t'implorer, en répétant toujours ton nom sacré, Marie, Marie.

(Formulez une nouvelle fois votre demande d'aide.)

Ô quelle consolation, quelle douceur, quelle confiance, quelle émotion remplit mon âme lorsque je prononce ton nom sacré, ou même seulement lorsque je pense à toi. Je remercie Dieu de t'avoir donné, pour mon bien, un nom si doux, si puissant, si beau. Mais je ne me contenterai pas de prononcer ton nom : que mon amour pour toi me pousse à te saluer sans cesse, Mère du Perpétuel Secours. Amen.

(Récitez neuf « Je vous salue Marie ».)

Prière à l'Enfant Jésus de Prague

Ô Jésus, qui as dit : « Demandez, et l'on vous donnera ; cherchez, et vous trouverez ; frappez, et l'on vous ouvrira. » Par l'intercession de Marie, ta très sainte mère, je frappe, je cherche, et je demande que ma prière soit exaucée.

(Formulez votre demande d'aide.)

Ô Jésus, qui as dit : « Tout ce que vous demanderez au Père en mon nom, il vous l'accordera. » Guide-moi par le Saint-Esprit afin que je puisse toujours te bénir pour ce que tu as fait. Je demande humblement et urgemment au Père, en ton nom, que ma prière soit exaucée.

(Formulez votre demande d'aide.)

Ô Jésus, qui as dit : « Le ciel et la terre passeront, mais mes paroles ne passeront point. » Je suis certain que ma prière sera exaucée. Tu m'as fortifié de toutes parts en pourvoyant à mes besoins. Je viens à toi avec gratitude. Amen.

Prière au Sacré Cœur de Jésus

Ô Dieu, qui daignes nous accorder miséricordieusement des trésors infinis d'amour dans le cœur de ton Fils, Jésus, qui a été transpercé par nos péchés et dont le cœur a été brisé par notre ingratitude, accorde-moi, je t'en prie, de lui rendre le pieux hommage de ma piété, la clarté d'esprit, un corps sain et une âme paisible, afin que je puisse accomplir mes tâches quotidiennes avec compassion, tranquillité et sérénité d'esprit. Garde-moi aujourd'hui constamment sous ton regard, car c'est en toi que je place ma confiance. Que j'apprenne à marcher sur les traces de ton Fils bien-aimé, Jésus, et que je sois digne de recevoir ta bénédiction dans ma situation.

(Formulez votre demande d'aide.)

Par le Christ, notre Seigneur. Amen.

Prière à saint Michel

Protège-nous, saint Michel l'archange, de la violence, du meurtre et du vol. Dans ta bonté, préserve-nous aujourd'hui de toute la malveillance des hommes pécheurs et mauvais. Dans ta vigilance sans faille, veille à la sécurité et au bien-être de nos foyers, et garde nos biens. Garde toujours dans tes soins particuliers, très triomphant saint Michel, les forces de l'ordre public contre les crimes des hommes mauvais, et défends tous les honnêtes citoyens en temps de péril. Nous te le demandons par Jésus-Christ, notre Seigneur, car le Seigneur Dieu a confié à tes anges la charge de nous garder dans toutes nos voies.

(Précisez le domaine dans lequel la protection est la plus nécessaire à ce moment-là.)

Saint Michel, archange de Dieu, défends-nous dans la bataille et protège-nous de la cruauté et des pièges du diable.

Puisse Dieu repousser Satan, nous le prions humblement, et par la puissance de Dieu, puisses-tu, Prince de l'armée céleste, le chasser en enfer avec tous les esprits malveillants qui errent dans le monde pour la ruine des âmes.

Prière à saint Expédit

Saint Expédit est réputé être un intercesseur efficace lorsqu'une aide rapide est nécessaire. Il est préférable de faire appel à lui en utilisant également une lampe d'aide rapide.

Saint Expédit, tu reposes en paix. Je viens à toi et demande que ce souhait soit exaucé.

(Exprimez votre souhait ou votre désir.)

Expédie ceci, ce que je te demande. Expédie maintenant ce que je veux de toi, à cette seconde même. Ne perds pas un jour de plus. Accorde-moi ce que je demande. Je connais ta puissance, je te connais par ton œuvre. Je sais que tu en es capable. Fais-le pour moi, et je répandrai ton nom avec amour et honneur. Expédie ce souhait avec rapidité, amour, honneur et bonté. Gloire à toi, saint Expédit !

Prière à sainte Anne

Ô glorieuse sainte Anne, pleine de compassion pour ceux qui t'invoquent et pleine d'amour pour ceux qui souffrent ; lourdement chargé du poids de mes ennuis, je me jette à tes pieds et te prie humblement de prendre sous ta protection particulière la présente demande que je te soumets.

(Formulez votre demande pour obtenir la faveur particulière.)

Aie la bonté de la soumettre à ta Fille, la sainte Vierge Marie, et de la déposer devant le trône de Jésus, pour qu'elle aboutisse en un dénouement heureux. Ne cesse pas d'intercéder pour moi avant que ma demande ne me soit accordée.

(Répétez votre demande.)

Par-dessus tout, accorde-moi la grâce de voir un jour mon Dieu en face, et avec toi, Marie et tous les saints, de le louer et de le bénir pour l'éternité.

Que je puisse être courageux dans le péril, constant dans les tribulations, tempéré dans la colère et serein dans tous les changements de la vie ; que je puisse être loyal et aimant envers tous ceux que je rencontre chaque jour.

Bonne sainte Anne, mère de celle qui est notre vie, notre douceur et notre espérance, prie-la pour nous, et accède à notre demande.

(Répétez cette prière trois fois par jour.)

Prière à saint Antoine

Ô saint Antoine, le plus aimable des saints, ton amour pour Dieu et ta charité pour ses créatures t'ont rendu digne, lorsque tu étais sur terre, de posséder des pouvoirs miraculeux. Les miracles attendaient ta parole, que tu étais toujours disposé à prononcer pour ceux qui se trouvaient dans la détresse ou dans l'angoisse. Encouragé par cette pensée, je t'implore de m'accorder (exprimez votre demande ou votre désir). Si la réponse à ma prière requiert un miracle, tu es néanmoins le saint des miracles. Ô doux et aimable saint Antoine, dont le cœur était toujours plein de sympathie humaine, murmure ma demande aux oreilles du saint Enfant Jésus, qui aimait être tenu dans tes bras ; et la gratitude de mon cœur sera toujours à toi. Amen.

Lorsque vous priez saint Antoine pour solliciter son aide, il est préférable d'allumer quotidiennement une bougie marron jusqu'à ce que votre demande vous soit accordée.

Prier saint Antoine est également utile pour ramener un amant égaré. La procédure est la suivante :

Sortez dans votre jardin, assurez-vous que personne ne vous regarde et mettez votre main sur votre bouche comme un mégaphone. Prononcez le nom de la personne à trois reprises en utilisant des syllabes également accentuées, puis demandez à saint Antoine de faire revenir cette personne. Prononcez une nouvelle fois le nom de la personne, en lui disant que saint Antoine la ramène à vous et qu'elle ne peut pas résister. Demandez une nouvelle fois à saint Antoine de ramener cette personne. Procédez de cette manière à trois reprises en vous tournant vers le nord, l'est, le sud et l'ouest. Rentrez chez vous et attendez que la personne nommée revienne.

Prière à saint Antoine

Cette prière permet de retrouver des biens perdus ou volés si ces derniers n'ont pas été jetés à l'eau. Selon certaines croyances, une fois que l'objet volé a été jeté à l'eau, il est impossible de le récupérer. Cette prière est appelée la roulaison. Avant de la réciter, il convient de placer une image de saint Antoine au niveau de votre tête de lit. Par ailleurs, vous devez la réciter maintes et maintes fois, de façon à garder à l'esprit l'objet perdu ou volé jusqu'à ce que vous vous endormiez. La prière est la suivante [6]:

La roulaison, Saint Antoine de Padue qui t'invoque, que ton besoin involve de père et mere est commitier de prepier entre le férmetier. Père pour empêche le médier au mort subite. Qui nous fait recouvrir toute chose perdu. Qui nous fait gagner le process content. Jeune et vieux, qu'on voir encore devant le roi de tout le monde, au repose directé.

Remarque : certaines personnes n'utilisent pas la roulaison pour retrouver des objets perdus ou volés. En effet, des praticiens m'ont expliqué que lorsqu'ils récitent cette prière, ils sont sujets à des cauchemars ou à de l'épuisement, car ils n'arrivent pas à trouver le sommeil. En ce qui me concerne, je n'ai jamais fait l'expérience de telles choses après avoir récité la roulaison.

6 NdT : Cette prière est donnée telle quelle par Ray T. Malbrough. Elle pourrait être interprétée de la manière suivante : « Saint Antoine de Padoue que j'invoque, tu satisfais les besoins des pères et des mères. Prédicateur auprès du peuple, qui intercède auprès du Père pour empêcher la mort proche, aide-nous à retrouver toute chose perdue. Donne-nous les moyens de tout retrouver. Jeunes gens et vieillards s'adressent encore à toi qui reposes, toi qui es le saint de tout le monde. »

Prière à sainte Thérèse

(pour l'humilité et la spiritualité)

Ô Seigneur, qui as dit : « Si vous ne retournez à l'état des enfants, vous n'entrerez pas dans le royaume des Cieux. » Accorde-nous, nous t'en prions, de marcher sur les traces de ta bienheureuse vierge Thérèse avec un cœur humble et unique, pour que nous puissions gagner des récompenses éternelles, et vivre et régner dans un monde sans fin. Je prie sincèrement pour être aidé, en sachant que ma vanité, mon orgueil et mon arrogance m'empêchent de connaître l'amour de Dieu. Débarrasse-moi de ces instincts primaires qui me font m'éloigner de mon dessein spirituel de connaître Dieu dans ma vie quotidienne. Amen.

Prière à saint Christophe

(pour les voyageurs)

Même si saint Christophe a été retiré du calendrier romain au début des années 1970 et qu'il n'est plus considéré comme un saint, certaines personnes continuent de le prier pour solliciter sa protection au cours de leurs voyages.

Accorde-moi, ô Seigneur, une main ferme et un œil vigilant ; que personne ne soit blessé sur mon chemin. Tu as donné la vie, et je prie pour qu'aucun de mes actes ne puisse ôter ou gâcher ce don de toi. Seigneur, protège ceux qui me tiennent compagnie des maux du feu et de toute calamité. Apprends-moi à utiliser mon véhicule pour les besoins d'autrui, et à ne pas en perdre le contrôle par amour de la vitesse inconsidérée. Apprends-moi la beauté du monde, pour qu'ainsi je puisse poursuivre mon voyage avec joie et générosité. Saint Christophe, saint patron des voyageurs, protège-moi et guide-moi en toute sécurité vers ma destinée.

Prière à saint Dominique

Saint Dominique est prié pour satisfaire les besoins quotidiens et obtenir des bénédictions.

Ô saint prêtre de Dieu et glorieux patriarche, saint Dominique, toi qui as été l'ami, le fils bien-aimé et le confident de la Reine du Ciel et qui as fait tant de miracles par la puissance du saint Rosaire, aie égard à mes besoins.

(Formulez votre demande.)

Sur la terre, tu as ouvert ton cœur aux mystères de tes semblables et tes mains ont été fortes pour les aider ; à présent dans le Ciel ta charité n'a pas diminué, et ton pouvoir ne s'est pas affaibli. Prie pour moi la Mère du Rosaire et son Fils divin, (formulez une nouvelle fois votre demande), car je suis certain que grâce à ton aide, j'obtiendrai la faveur que je désire tant. Amen.

(Priez le Rosaire.)

CONCLUSION

En pratiquant, vous vous rendrez compte que tous les charmes que vous fabriquerez et que tous les rituels que vous effectuerez seront semblables à une épée à double tranchant. L'énergie créée atteindra sa cible pour finalement revenir à sa source, c'est-à-dire à vous, qui êtes son créateur. Il s'agit là de l'un des principes interdépendants de l'énergie, mieux connu sous le nom de la loi du rayonnement et de l'attraction. En raison de cette loi, nous récoltons toujours ce que nous semons. Autrement dit, tant que vous vous efforcerez d'utiliser votre magie pour faire le bien et pour aider les autres, vous vous aiderez vous-même par la même occasion.

Votre vie en tant que praticien pourra parfois être semée d'embûches, en particulier lorsque l'un de vos clients attendra le dernier moment pour solliciter votre aide et s'attendra à ce que vous fassiez un miracle en une seule nuit. À l'inverse, certains de vos clients auront tendance à exagérer le caractère urgent de leur situation lorsqu'ils vous l'exposeront. De plus, il se peut que d'autres praticiens de votre région tentent de vous discréditer auprès du grand public. En général, ces praticiens créent des écrans de fumée pour cacher le fait qu'ils ne pratiquent l'occultisme que pour l'appât du gain. Un praticien sincère est capable de vivre harmonieusement et paisiblement avec les autres praticiens de sa région, tout simplement car il a conscience qu'il n'est pas en mesure d'aider tout seul plusieurs milliers de personnes de manière satisfaisante. Dans la ville où j'habite au moment où j'écris cet ouvrage, je connais cinq autres praticiens.

La pratique de la magie est susceptible d'apporter deux choses dans votre vie. Vous pourrez susciter l'admiration et le respect de la part des membres de votre communauté, ou bien être tourné en ridicule et subir du harcèlement. Tout cela dépendra de vous et de la manière dont vous vous comporterez en public et en privé. Il est déconseillé de vous habiller de façon étrange ou d'afficher le fait que vous pratiquez la magie. Ce genre de comportements vous vaudra du mépris en un rien de temps. Si vous utilisez vos connaissances en magie pour faire naître de la peur dans le cœur des gens ou que vous leur dites que vous lancerez une malédiction sur eux s'ils ne cèdent pas à tous vos caprices, vous provoquerez de la haine. Il est en effet très facile de détester une chose ou une personne que l'on craint. De son côté, un praticien sage aspire à mener une vie aussi normale que possible. Il fait toujours preuve d'honnêteté et adopte un comportement moral dans ses relations avec les autres. Un praticien sage ne juge pas le mode de vie des autres, mais il apprend à considérer chaque personne sur un plan spirituel. C'est à ce niveau qu'un praticien sage rencontre et traite tous les individus de manière égale. Ce n'est que grâce à ce genre de comportements qu'un praticien gagne la confiance et le respect des membres de la communauté dans laquelle il se rend utile. Par ailleurs, un praticien sage ne discute jamais du travail rituel en cours. Il ne révèle jamais à ses clients l'identité de ses autres clients ou la nature du travail qu'il a effectué pour eux. Si vous vous vantez devant un client, vous risquez de perdre sa confiance. Les personnes qui viennent vous voir partent du principe que tous les travaux que vous effectuerez pour eux resteront strictement confidentiels. Ainsi, il convient également de faire comprendre à vos clients qu'ils ne doivent pas parler du travail que vous effectuez pour eux à qui que ce soit. Cela pourrait provoquer des commérages, et si l'un de vos clients décide toutefois de parler de votre travail à quelqu'un, il doit vous en avertir le plus tôt possible. De cette manière, vous ne pourrez pas être tenu responsable des commérages sur votre client ou sur la nature du travail que vous effectuez pour lui.

Parfois, une personne viendra vous voir pour vous demander de briser une relation amoureuse. En ce qui me concerne, je refuse systématiquement d'effectuer un tel travail. Je crois sincèrement qu'il n'est pas bon d'utiliser la magie pour s'immiscer dans la vie de quelqu'un sans son autorisation. De plus, l'expérience m'a montré que les personnes qui souhaitent rompre une relation amoureuse ont généralement des motivations égoïstes ou possessives. Dans ce cas de figure, je propose donc d'effectuer un travail pour aider cette personne à rencontrer quelqu'un d'autre, avec qui elle est susceptible d'être plus compatible.

Si vous décidez de proposer publiquement vos services, il est préférable de vous rendre disponible pour des consultations uniquement pendant certaines heures de la journée, voire pendant certains jours de la semaine. Dans le cas contraire, vous êtes susceptible de voir des clients arriver chez vous à trois ou quatre heures du matin pour vous demander d'effectuer un travail. Cela arrive régulièrement aux praticiens qui adoptent une politique de porte ouverte. Certaines personnes ont tendance à penser qu'il est normal de solliciter vingt-quatre heures sur vingt-quatre un praticien qui rend ce type de service à la communauté et que ce dernier n'a pas le droit d'avoir une quelconque vie privée.

Par ailleurs, essayez toujours de faire participer votre client au cours d'un rituel, en lui disant par exemple de prendre quotidiennement un bain rituel. Cela permet de définir une certaine vibration dans l'aura de votre client. Invitez-le également à allumer des bougies pendant qu'il prend son bain. Encore une fois, la couleur des bougies dépendra des objectifs à atteindre grâce au rituel. La plupart des praticiens demanderont à leurs clients d'allumer une bougie par jour pendant sept jours. Certains praticiens aideront plutôt leurs clients à fabriquer une lampe magique à utiliser en remplacement des bougies.

À chaque fois que vous mettrez au point un nouveau sort ou que vous fabriquerez un nouveau charme, il conviendra de l'utiliser d'abord sur vous-même. N'utilisez jamais quelqu'un d'autre comme cobaye pour votre magie. Si votre sort ou votre charme devait avoir des effets négatifs dans la vie de cette personne, vous seriez tenu pour responsable.

Avant de vous quitter, je vous recommande de lire ces ouvrages particulièrement intéressants, notamment pour les débutants :

- *La Magie des bougies : rituels et incantations pour toutes les situations de la vie courante* de Raymond Buckland (Éditions La Puissance par l'initiation) ;
- *Practical Color Magick* de Raymond Buckland (Éditions Llewellyn) ;
- *Magical Herbalism – the Secret Craft of the Wise* de Scott Cunningham (Éditions Llewellyn) ;
- *Guide pratique de la visualisation créatrice : concrétisez vos désirs* de Melita Denning et Osborne Phillips (Éditions ADA) ;
- *Helping Yourself With White Witchcraft* de Al G. Manning (Éditions Prentice Hall).

INDEX

A

B

C

D

E

N

O

P

R

S

T

V

W

Y

Z

AVEZ-VOUS AIMÉ CHARMES, SORTS ET RITUELS ?

Si vous avez aimé ce livre, nous aimerions vous demander une petite faveur en retour. L'écriture d'un ouvrage représente des mois d'écriture et souvent de longues années de travail en amont pour acquérir les connaissances nécessaires. C'est pourquoi, si vous le voulez bien, nous vous serions reconnaissants de prendre quelques minutes pour parler de ce livre autour de vous, à vos amis, à vos libraires, sur les forums, blogs, sites web, pages, réseaux sociaux, etc., mais aussi pour laisser un avis sur les sites de vente en ligne.

Vos commentaires participent beaucoup à la visibilité du travail de nos auteurs, mais les aident (et nous aident) aussi à mieux cerner vos attentes, à apporter des améliorations à leur travail et à écrire des ouvrages sur d'autres sujets qui pourraient vous intéresser.

Un livre ne vit et n'existe que lorsqu'il se partage et devient accessible à d'autres. Or, cela ne peut se faire que s'ils en entendent parler. Voilà pourquoi votre participation est aussi importante, et pourquoi nous nous en remettons à vous.

Les Secrets de Marie Laveau

Auteur : Oncle Ben

Au cours des dernières décennies, Marie Laveau a fait couler beaucoup d'encre et provoqué énormément de passion à travers le monde. Après tout, comment cette reine du vaudou puissante de la Nouvelle-Orléans, tantôt protectrice de la veuve et de l'opprimé, tantôt prêtresse satanique organisant des rituels macabres, pourrait-elle laisser indifférent? Dans *Les Secrets de Marie Laveau*, Oncle Ben explore et dévoile les secrets de cette figure mystique en démêlant le vrai du faux sur son histoire et sa magie. Cet ouvrage s'adresse tous ceux et celles qui souhaitent honorer et débuter leur pratique dévotionnelle et magique avec elle. Apprenez à réaliser un autel en son nom, à l'invoquer pour l'amour, l'argent ou la protection, et à développer un lien fort avec son esprit. Prières, charmes, grigris, recettes d'encres, d'huiles, de poudres, rituels... La grande prêtresse vaudoue n'aura plus aucun secret pour vous !

Broché 148 x 210 mm - Illustrations couleur

La Magie des poupées.
Patrons, sortilèges et incantations

Auteur : Silver Ravenwolf

Silver RavenWolf, auteure de plusieurs best-sellers, vous propose un guide pratique pour explorer l'un des domaines les plus fascinants de la magie. Dans *La Magie des poupées*, vous trouverez tout ce dont vous avez besoin pour fabriquer vos propres poupées enchantées et vos animaux spirituels pour l'amour, l'argent, la santé, le bannissement et l'attraction et pour bien d'autres choses encore.

Découvrez plus de trente-six patrons pour des poupées de papier, de tissu ou de feutre, ainsi que des instructions pour travailler avec d'autres matériaux. Ce livre comprend également une multitude de conseils pour choisir les couleurs, les plantes, les huiles, les pierres précieuses et les autres ingrédients qui correspondent à vos intentions magiques, ainsi que des idées précieuses concernant les heures d'opération, les sigils, les incantations et les cérémonies qui vous permettront d'animer et de désactiver vos poupées.

Que vous fassiez vos propres poupées ou que vous les achetiez en magasin, ce livre vous aidera à réussir vos opérations magiques.

Broché 170 x 240 mm - Illustrations couleur – 302 pages

Le Vaudou haïtien

Auteur : Mambo Chita Tann

Le vaudou haïtien est une tradition spirituelle fascinante, riche de magie et de cérémonies, de chants et de prières, de danses et de fraternité. Mais en dehors d'Haïti, presque personne ne comprend la joie et la profondeur de cette manière de vivre. Dans *Le Vaudou haïtien*, Mambo Chita Tann explore les racines historiques et les pratiques contemporaines de cette tradition unique ; elle y traite en particulier des sujets suivants :

- les coutumes, croyances, espaces sacrés, et instruments rituels ;

- les caractéristiques et comportements des Loas, les esprits que servent ceux qui pratiquent le vaudou ;

- les erreurs communes, comme les « poupées vaudou » et le phénomène des zombies ;

- des questions et réponses pour assister à des cérémonies et faire partie d'une sosyete (maison vaudou) ;

- des tables de correspondances, glossaire kréyol, des textes de prières supplémentaires, et une liste exhaustive de livres de référence et de ressources en ligne ;

Bien documenté, complet et agréable à lire, *Le Vaudou haïtien* sera un atout précieux aussi bien pour ceux qui veulent découvrir la spiritualité haïtienne que pour les étudiants, les pratiquants et les chercheurs.

Broché 148 x 210 mm - Illustrations N&B – 270 pages

La Magie des lampes en hoodoo et sorcellerie païenne

Auteur : Olivier Michaud

Chacun se souvient d'Aladin et de sa « lampe merveilleuse ». Chacun connaît aussi les bougies de neuvaines catholiques qui brûlent sans discontinuer pendant neuf jours pour obtenir l'intercession d'un saint. Mais peu de gens savent qu'il s'agit en réalité d'échos d'une vieille magie des lampes connue depuis l'Antiquité. De l'ancienne lampe à huile à la plus récente lampe à pétrole, cette magie a survécu et est parvenue jusqu'à nous par l'entremise du hoodoo. De cette discipline magique et religieuse née de la multiethnicité du sud des États-Unis et leur brassage culturel a résulté une discipline synchrétique mariant avec efficacité les bénédictions chrétiennes d'origine européenne et la magie africaine. Le présent manuel dévoile la magie des lampes telle que le hoodoo nous l'a transmise.

Dans la magie des lampes, la flamme brûle en étant chargée d'une intention, d'un vœu. Ce livre dévoile les procédés pratiques. Comment préparer une lampe (la mèche, la composition du combustible) ? Quelles plantes utiliser ? Comment la charger de votre intention ? Qui invoquer ? Quelles formules réciter ? Combien de temps faut-il la faire brûler ? Ce livre met à la portée du lecteur les instructions jusqu'ici transmises par le bouche-à-oreille.

Chacun peut désormais pratiquer cette ancienne « magie des lampes » pour améliorer son existence et celle de ses proches...

Broché 148 x 210 mm - Illustrations N&B – 282 pages

CRÉDITS

Les illustrations de cet ouvrage proviennent d'IStock :

- Toutes les pages : Kvaratskhelia (fiole).
- Tous les titres des parties : Darja Kuznetsova (feuilles).
- Tous les autels : Darja Kuznetsova (tout) et Nickolai Shitov (encensoir)
- Tous les chapitres : grmarc (fiole et bougie)
- Pages spéciales : grmarc (fiole)

p. 1 undefined (photo)

p. 6, 7, 25 Nastasic (main, fiole)

p. 7 Morepics (feuilles)

p. 13 Morepics (bougie et flèche)

p. 14 lasagnaforone (soleil), Morepics (main et fiole)

p. 15 JDawnInk (planètes)

p. 19 Darja Kuznetsova (illustration)

p. 22 Morepics (lune)

p. 23 Filo (cerveau)

p. 24 FrankRamspott (flamme), Ulimi (cœur)

p. 25 Sylverarts (croix), trèfle (DenPotisev), Morepics, Darja Kuznetsova (bourse)

p. 26 Nastasic (mirroir), Darja Kuznetsova (livre)

p. 27, 28, 29 Anna Morozova, Nastasic (cristaux)

p. 31 Darja Kuznetsova (bourse)

p. 33 Nastasic, Morepics (illustration), Nastasic (lune)

p. 40 Nastasic (bougie et fiole)

p. 65 MicrovOne (grigri), Nastasic (bougies et plantes)

p. 67 Chuhail (poupée), Macrovector (matériel couture)

p. 107 MicrovOne (table), Nastasic (bougies)

p. 110 Grmarc (œuil)

p. 114 Nastasic (bougies), Tachyglossus (os et flacon)

p. 117 Alhontess (lampes), Nastasic (fleurs), Zzayko (flacon)

p. 122 Lindybug (bœuf), Nastasic (fleurs)

p. 123 Tachyglossus, Nastasic et MicrovOne

p. 159 Tachyglossus (encensoir)